USAGES LOCAUX

DE

LA HAUTE-LOIRE

LE PUY, TYP. ET LITH. MARCHESSOU.

USAGES LOCAUX

DU DÉPARTEMENT

DE

LA HAUTE-LOIRE

RECUEILLIS ET MIS EN ORDRE

Par M. Louis BERTRAND

Président du Tribunal civil du Puy

P. M.

LE PUY

Typographie MARCHESSOU, imprimeur de la Préfecture, boulevard
Saint-Laurent, 23

1868

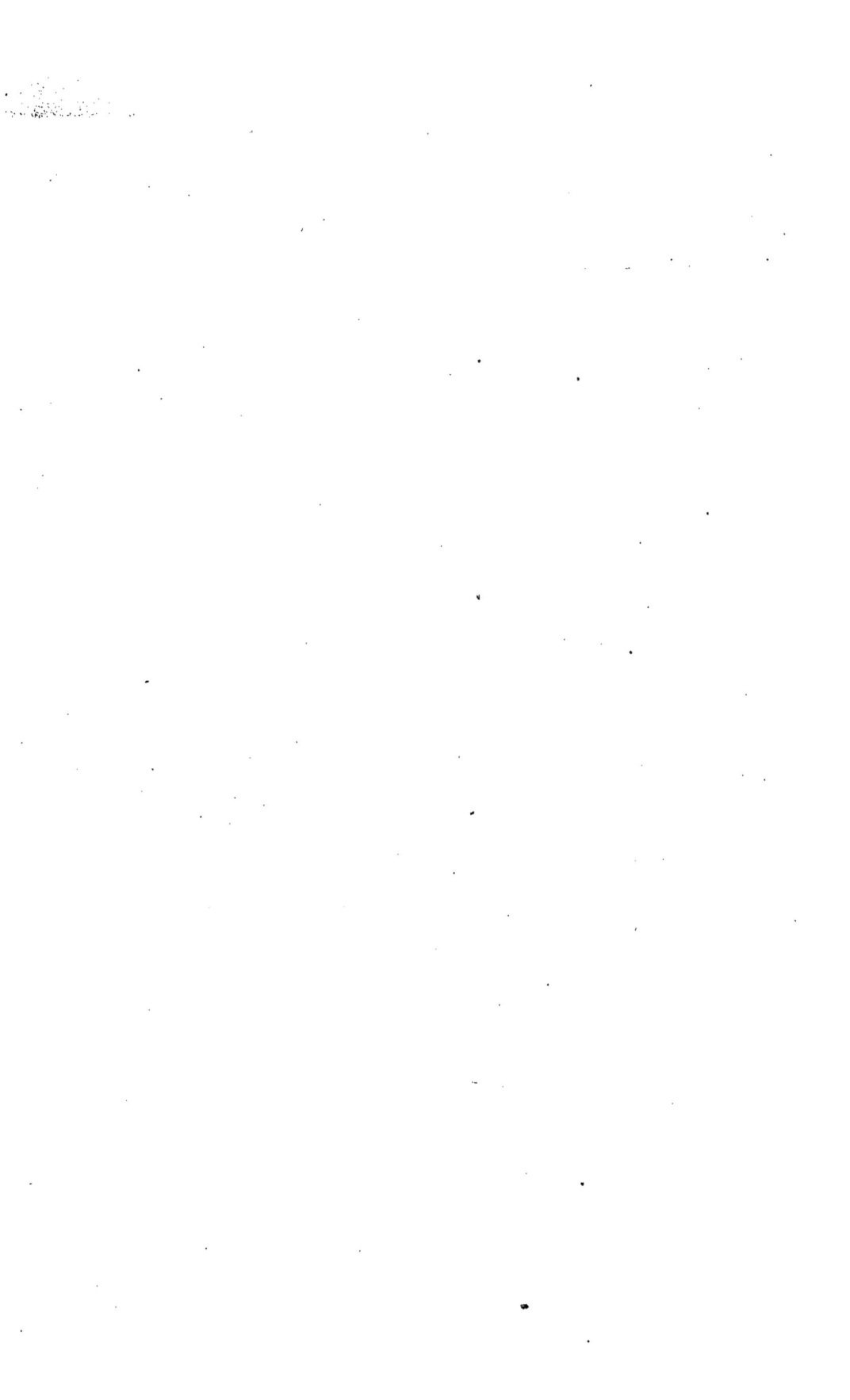

La collection des Usages Locaux de la Haute-Loire et les observations qui les accompagnent ont été soumis à la commission qui a été désignée par M. Demonts, Préfet de ce département.

Cette commission se composait des membres suivants :

Président, M. Bertrand, Président du Tribunal civil du Puy membre du Conseil général, chevalier de la Légion-d'Honneur.

Membres, MM. Delair, Procureur impérial, aujourd'hui Conseiller à la Cour impériale de Riom, ancien membre du Conseil général.

Calemard de Lafayette, Président de la Société d'agriculture du Puy, membre du Conseil général.

Sigaud de Lestang, ancien juge, ancien Conseiller général.

Couguet, Juge d'instruction, ancien Sous-Préfet.

Philip, notaire, ancien maire, Conseiller général.

Giron-Pistre, avocat, membre du Conseil d'arrondissement et du Conseil municipal du Puy.

MM. BALME , avocat, Conseiller d'arrondissement et
Conseiller municipal du Puy.

MARTHORY, avocat, membre de la Société d'agriculture.

CHOUVON, directeur de la Ferme-école.

BEST, expert, membre de la Société d'agriculture.

OBSERVATIONS GÉNÉRALES

La pensée de recueillir les usages locaux remonte à une époque très-reculée de notre histoire nationale ; nous la voyons apparaître dans les *Capitulaires* de Charlemagne et elle se manifeste surtout, avec force, au moyen-âge.

Deux siècles avant l'ordonnance de 1453, saint Louis prescrivit la rédaction des usages et coutumes de la France.

Un mandement adressé par lui à ses baillis, leur ordonna de faire une enquête sur les diverses coutumes de leurs ressorts, auprès d'hommes *sages* et *assermentés* et d'envoyer le tout au Parlement.

L'enquête se fit sur plusieurs points du royaume et c'est d'elle que sont sortis, en 1270, dans la dernière année du règne du saint roi, les *Etablissements*.

Mais cette réunion des usages français était bien imparfaite, et la rédaction des coutumes, prescrite par Charles VII, en 1453, tout en rendant de grands services au pays, laissait encore de grandes lacunes à remplir.

Près de quatre siècles s'écoulèrent, au milieu des difficultés juridiques inextricables, soulevées par les contradictions entre les coutumes et les principes du droit écrit.—Les procès s'éternisaient et leur marche était si coûteuse, qu'elle motivait ce tableau symbolique, placé dans la grand'chambre du parlement de Toulouse, où l'on voyait le plaideur heureux en chemise, et celui qui avait perdu son procès, dans un état de nudité complète.

L'unité nationale, l'égalité civile, proclamées par la Révolution française, devaient nécessairement promener leur niveau sur les anciennes institutions juridiques de la France. Nos codes actuels furent rédigés, et il entrait, certainement, dans la pensée de ceux qui se sont immortalisés par ces travaux, de compléter nos lois civiles, par une législation rurale ; mais la diversité des éléments qui devaient y être réunis, la difficulté de les ramener à une application générale, ont retardé l'exécution d'une œuvre, aussi difficile qu'elle est désirée, et nous sommes encore appelés, aujourd'hui, à y apporter notre faible part de recherches et d'observations.

Il ne pouvait pas entrer dans notre intention de toucher à toutes les matières, qui devraient être l'objet d'une révision et d'une modification, plus en harmonie avec les besoins et les habitudes de notre époque. Nous avons dû nous borner à constater les faits principaux, qui sont d'une application journalière, à faire quelques observations de détail, à manifester notre opinion sur des améliorations que nous croyons désirables, et si nous avons effleuré d'une manière très-superficielle quelques points de notre législation, qui ne sont pas encore réglementés, le désir de nous rendre utiles nous fera sans doute pardonner ce que nos études peuvent avoir d'incomplet.

Nous avons puisé les éléments de notre travail aux sources les plus certaines ; nous avons organisé, autant que nous l'avons pu, dans chaque canton des commissions spéciales, sous la présidence de MM. les Juges de paix, et après avoir analysé les travaux qu'elles nous ont transmis, nous leur avons soumis cette analyse, pour les mettre à même de la réviser encore.

Le résumé que nous donnons des usages de notre pays, nous paraît donc offrir les plus sérieuses garanties d'exactitude.

Le Puy, le 1ᵉʳ août 1865

CHAPITRE I

DE L'USUFRUIT SUR LES BOIS

Liv. II. Titre iii. C. Napoléon.

Bois taillis. — Futaies. — Pépinières. — Echalas. — Arbres fruitiers. —
Produits annuels ou périodiques.

Le législateur s'est préoccupé, d'une manière spéciale, de l'exercice de l'usufruit sur les bois et sur les arbres de toute nature;
il a voulu, non-seulement que l'usufruitier jouît en bon père de
famille, mais qu'il respectât, avant tout, l'usage ancien du propriétaire, et, se laissant guider par ce principe, il en a déduit les
règles suivantes :

Dans la coupe d'un *bois taillis*, l'usufruitier doit observer l'ordre
et la quotité établis par l'aménagement et l'usage constant des
propriétaires.

Il suivra le même usage quant aux parties de bois de *haute-
futaie*, mis en coupe réglée.

Il se conformera aux usages des lieux, pour le remplacement des arbres tirés d'une *pépinière*.

Il prendra dans les bois, si c'est l'usage, des *échalas* pour les vignes.

Les arbres fruitiers et tous ceux qui sont utiles par leurs bran-. ches, lui offriront leurs *produits annuels* ou *périodiques*.

Il devient donc nécessaire de préciser, autant que possible, au point de vue de l'exercice de l'usufruit, quel est l'usage le plus généralement suivi par les propriétaires, pour chacun des objets dont nous venons de parler ; ces données pourront aussi être utiles à consulter dans les différends, qui surviennent entre les proprié- taires et les fermiers.

§ 1er

Bois taillis

La majeure partie des bois taillis de la Haute-Loire consiste en taillis de pin, en taillis de chêne, mais en moins grande quan- tité ; enfin, dans certaines parties rocheuses et presque toujours très-abritées, on trouve quelques taillis de bouleaux, de trembles, de noisetiers, de mérisiers et d'osiers.

Un bois de pin, créé par transplantation, ne peut être converti en taillis avant la douzième année, s'il a été garanti des bestiaux ; avant la quinzième, s'il a été livré au pacage ; un bois de pin, créé par semis faits en place, peut être converti en taillis dès la huitième année. Un bois de chêne, semé en place, peut être mis en taillis dès la douzième année ; il ne peut l'être que vers la quinzième année, s'il a été transplanté.

On peut exploiter un taillis de trembles, bouleaux, noisetiers et mérisiers, dès la huitième année de la création du bois.

L'usage, le plus généralement suivi, pour l'aménagement des taillis de pin, est de les couper tous les quatre ou cinq ans ; c'est ainsi qu'on opère, tous les quatre ans, dans les cantons de *Loudes*, les deux cantons du *Puy*, *Solignac ;* tous les cinq ans dans ceux de *Cayres*, du *Monastier ;* tous les cinq ou six ans, à *Saint-Julien-Chapteuil*, *Saint-Paulien*, *Pinols ;* l'opération s'appelle, dans le langage local, *faire de la garne ;* il est exceptionnel et d'une mauvaise exploitation, de laisser des baliveaux dans les taillis de pin ; cet usage existe cependant dans les cantons de *Pinols* et du *Puy.*

Les taillis de chêne se coupent, en général, tous les neuf, dix ou douze ans, plus tôt ou plus tard, suivant que le sol est plus ou moins fertile ; c'est ce qui se pratique dans les cantons de *Brioude*, de *Langeac*, de *Lavoûte*, de *Paulhaguet*, de *Pinols.* Tous les quinze ou seize ans, dans celui de *Saint-Paulien.* L'usage de laisser des baliveaux dans les taillis de chêne, est général ; il tend à disparaître dans le canton de *Saint-Paulien.*

Les taillis de chêne se coupent, tous les neuf ans, dans le canton d'*Auzon*, on y laisse, environ, vingt-quatre baliveaux par hectare.

Les taillis de trembles, bouleaux, noisetiers, mérisiers, se coupent tous les cinq ans.

Les taillis sont coupés par superficie et non en jardinant.

Il n'est pas d'usage de couper dans les taillis, avant l'époque de l'aménagement, les menues branches des principaux brins, ni les brins traînants.

Les taillis doivent être coupés en morte-saison et non en temps de sève, les pins le sont de préférence depuis la fin de février, jusqu'à la fin de mars.

Les chênes, trembles, bouleaux, noisetiers, mérisiers, sont coupés à fleur de terre ; les pins le sont au moins à 50 centimètres de terre, pour la première coupe, et à une hauteur plus élevée, qui est déterminée par la forme des branches, et par leur végétation, pour les coupes ultérieures.

Un fait spécial aux taillis de pin, c'est qu'il est d'une bonne administration d'arracher les souches qui, à raison de leur âge, ou de la rupture de l'équilibre, qui doit exister entre les branches feuillues et le gros bois, ne donnent pas de jets verticaux, afin de laisser pousser les jeunes pins, qui naissent presque toujours sur la terre remuée autour du tronc arraché, et qui ne demandent que du jour, pour prendre leur essor. Indépendamment du produit du taillis lui-même, l'usufruitier profite de ces souches, mais il doit se livrer à cette opération, avec intelligence et réserve.

Les branches des taillis sont mises en fagots, en général, dans la huitaine de la coupe, les bûchers sont formés sur place, il n'existe pas d'usage relatif à leur enlèvement.

Il n'y a aucune espèce de bois dans le canton de *Fay-le-Froid*.

Il n'existe pas de taillis dans les cantons d'*Allègre*, de *la Chaise-Dieu*, de *Craponne*, de *Saint-Didier*, de *Monistrol*, de *Montfaucon*, de *Pradelles*, de *Saugues*, de *Tence*, d'*Yssingeaux*.

On en rencontre fort peu dans le canton de *Bas*, ils consistent en taillis de pins, de chênes, de hêtres.

Dans le cas où un usufruit s'ouvre sur un bois qui n'a jamais été coupé, et en l'absence de toute intention manifeste du propriétaire, on doit en général présumer qu'il a voulu créer un taillis, parce que les futaies sont des bois de réserve, hors de la règle commune ; cette présomption est corroborée par l'usage, et l'usufruitier pourra convertir un jeune bois, en taillis, en se conformant aux époques que nous avons indiquées plus haut, dans les cantons de *Cayres, Loudes, le Monastier; les deux cantons du Puy, Saint-Julien-Chapteuil, Solignac.* Mais il en serait différemment dans les cantons d'*Allègre, la Chaise-Dieu, Craponne, Montfaucon, Pradelles, Saugues, Tence* et *Yssingeaux, Langeac, Pinols,* où les jeunes bois sont, en général, destinés à faire des futaies.

Dans les cantons d'*Allègre, Cayres, Craponne, la Chaise-Dieu, Monistrol,* les propriétaires suppléent au bois de chauffage, produit ailleurs par les taillis, en coupant, arrachant ou éclaircissant les semis naturels de pin, que la nature produit, en abondance; dans le canton de *Vorey,* et spécialement dans les communes de *Roche, Saint-Pierre-Duchamp,* et surtout dans celle de *Vorey,* on ne coupe pas les pins, on les arrache complètement, en laissant pour les remplacer de jeunes plants qu'on appelle *nerrions.* Cette opération se fait tous les seize ans, par superficie et non en jardinant; l'usufruitier d'un domaine où ces usages existeraient d'une manière régulière et périodique, aurait le droit de couper, d'arracher ou d'éclaircir régulièrement, les semis naturels de jeunes pins, sur une étendue proportionnée à l'exploitation.

L'usage n'autorise pas le pâturage dans les bois taillis, et quoique certains propriétaires y laissent pacager leurs animaux, nous ne pensons pas que l'usufruitier puisse le faire ; ce serait nuire à la bonne venue et au renouvellement du bois.

§ 2

Futaies

Les bois de haute futaie ne sont considérés comme des fruits, que lorsqu'ils ont été mis en coupes réglées, soit que ces coupes se fassent périodiquement sur une certaine étendue de terrain, soit qu'elles se fassent d'une certaine quantité d'arbres pris indistinctement sur toute la surface du domaine, et l'usufruitier doit se conformer aux époques et à l'usage des anciens propriétaires.

La règle générale, qui régit la matière dans la Haute-Loire, c'est que la valeur totale des futaies , existant au moment de l'ouverture de l'usufruit, forme un capital qui doit être conservé, et que l'usufruitier ne peut profiter que de l'augmentation, que reçoivent les futaies par l'effet de leur croissance.

Cette règle est consacrée par l'usage ; elle donne satisfaction aux droits de l'usufruitier, sans porter atteinte à ceux du nu-propriétaire, puisque les bois soumis à l'usufruit, conservent toujours la valeur qu'ils avaient au jour de son ouverture.

La plupart des futaies sont en essence pins et sapins, quelques-unes chênes et hêtres.

Il est aussi un autre genre de produit, auquel l'usufruitier a droit ,dans les jeunes futaies de pins et de sapins.

On est dans l'usage de faire subir à ces futaies un élagage, tous les huit ou dix ans, jusqu'à l'âge de vingt ans , tous les douze ou quinze ans, jusqu'à l'âge de cinquante à soixante ans. Cet élagage

a lieu sur les brins les moins beaux ou trop serrés ; de plus,
dans les futaies de pins, le propriétaire est dans l'usage de couper
à 8 ou 10 centimètres du tronc, les branches inférieures, de manière à faciliter la venue des pieds conservés. C'est ainsi que se
développent les futaies de pins dans les cantons d'*Allègre*, de
Cayres, *Craponne*, *la Chaise-Dieu*, *Monistrol*, *Saint-Julien*, *Saint-
Paulien*, *Solignac*, *Tence*, *Yssingeaux* et dans les communes de
Mezères, *Chamalières*, *Roche*, *Vorey*, *Saint-Pierre-Duchamp*
dépendant du canton de *Vorey*. L'usufruitier a le droit de procéder
à ces opérations et de profiter de leur produit ; mais ce n'est pas,
à vrai dire, un usufruit sur la futaie qu'il doit complètement
respecter, c'est plutôt une mesure de sage administration.

§ 3

Pépinières

Il existe fort peu de pépinières dans le département, et l'usufruitier n'est soumis par l'usage, à aucun mode spécial de remplacement pour les sujets qu'il en tire ; il doit dès lors se conformer
aux règles ordinaires et remplacer, par de nouveaux plants, les
sujets qu'il a enlevés. Cette règle s'applique aussi bien à l'usufruitier d'une pépinière, qui est destinée à l'industrie du pépinié-
riste, qu'à celle, qui est plus spécialement créée, pour l'entretien
d'une propriété. S'il en était autrement, on reconnaîtrait que l'u-
sufruitier peut changer la substance de la chose, soumise à son
usufruit, ce qui lui est formellement interdit par les principes
généraux en matière d'usufruit.

§ 4

Echalas pour la vigne

Il n'y a pas de vigne dans les cantons d'*Allègre, Cayres, Craponne, la Chaise-Dieu, Fay-le-Froid, Loudes, le Monastier, Montfaucon, Pradelles, Saugues, Saint-Julien-Chapteuil, Tence* et *Yssingeaux.*

On en rencontre quelques-unes dans les cantons de *Blesle*, de *Pinols* et dans une commune de chacun des cantons de *Solignac* et de *Saint-Paulien*.

Il en existe un assez grand nombre dans les cantons d'*Auzon*, dans les communes de *Bas*, de *Malvalette* canton de *Bas*, dans les cantons de *Monistrol, Saint-Didier, Vorey*. Elles jouent un rôle beaucoup plus important dans les deux cantons du *Puy*, *à Langeac, à Paulhaguet, à Lavoûte* et surtout *à Brioude*.

L'usufruitier emploie, en général, à échalasser les vignes, les bois dont il a la jouissance ; mais nulle part il n'est d'usage, qu'il puisse couper des échalas, dans les bois du nu-propriétaire, par cela seul qu'il est usufruitier d'une vigne, ni qu'il puisse couper des échalas dans les bois soumis à son usufruit, à d'autres époques que celles fixées par l'aménagement.

Dans le canton de *Brioude*, ce sont surtout les saulaies, qui fournissent les échalas.

§ 5

Produits annuels et périodiques

L'usufruitier peut prendre, sur les arbres, les produits annuels et périodiques, en se conformant à l'usage du pays ou à la coutume du propriétaire.

Produits annuels. — Les produits annuels, dans la Haute-Loire, consistent : pour les arbres fruitiers, dans les fruits ; dans les branches mortes, cassées ou nuisibles ; les bois qui proviennent du nettoyage ou de la taille ; les sarments produits par la taille ou l'ébourgeonnement de la vigne ; les arbres morts, déracinés ou détruits par les vents ou la neige, lorsque le nombre n'excède pas celui d'une année ordinaire.

Quant aux arbres abattus par les vents ou les neiges, par suite d'intempéries exceptionnelles, nous n'hésitons pas à dire que leur valeur est un capital, que l'usufruitier ne peut s'approprier et dont il a seulement le droit de percevoir l'intérêt.

Pour les arbres forestiers, ce sont également les arbres morts, déracinés ou détruits par les vents ou autres forces majeures ; les branches mortes ou cassées, pourvu que le sol forestier ne soit pas exceptionnellement atteint, cas auquel ces produits doivent aussi être capitalisés.

Aucune coutume spéciale ne modifie, sur ces points, les droits de l'usufruitier, ou les obligations que la loi lui impose.

Mais nous devons mentionner, d'une manière particulière l'usage qui existe dans quelques cantons de la Haute-Loire, de dépouiller chaque année les arbres forestiers, et surtout les frênes, de leurs feuilles, pour les donner à manger aux bestiaux.

Cette opération se fait à la fin de l'automne; bien qu'elle soit nuisible aux arbres sur lesquels elle est pratiquée, puisqu'elle a pour conséquence presqueinévitable, de mutiler, tous les ans, une partie de leurs rameaux les plus tendres ; dans les lieux, où cet usage est général et d'une pratique constante par les propriétaires, son exercice rentre dans les droits de l'usufruitier, pourvu qu'il ait lieu aux époques usitées, et sur les espèces qui le comportent.

Cela a lieu dans les cantons de *Pradelles* et de *Saugues,*

Produits périodiques. — Les produits périodiques des arbres, autres que ceux qui forment les bois taillis ou les futaies, consistent uniquement dans les branches, provenant de l'émondage des arbres forestiers de haut jet ou convertis en *têtards* , végétant isolément, en lignes, ou en massif, lorsqu'ils sont soumis à une coupe régulière.

Ces arbres sont : le saule, le peuplier, l'ormeau, le frêne, le chêne, le hêtre, le bouleau, le tremble, l'aulne, l'érable.

Ils sont émondés ,tous les trois ans, dans les cantons de *Cayres, Saint-Didier, Pinols, Monistrol, Pradelles, Saugues ;* tous les quatre ou cinq ans , dans les cantons du *Puy,* du *Monastier,* de *Solignac,* de *Saint-Paulien,* de *Saint-Julien-Chapteuil,* de *Vorey ;* tous les cinq ou six ans dans le canton de *Bas.* Dans celui d'*Allègre,* l'émondage a lieu en général tous les quatre ans,mais sans qu'ily ait rien d'absolu sur ce point.

La coupe des branches se fait à la fin de l'automne, pour utiliser la feuille, qui sert de nourriture aux moutons, et si les propriétaires n'ont pas de moutons, elle a lieu en février, mars ou avril, et les branches sont réunies en fagots à brûler ; cette dernière opération s'appelle, dans l'idiome du pays, *faire la brousse.*

Il est d'un usage général dans la Haute-Loire, lors de l'émondage des saules et des peupliers, de faire un triage des branches les mieux venues et les plus fortes pour en faire des plançons et de les planter sur la lisière de la propriété elle-même, et nous considérerons comme une charge de l'usufruit l'obligation de tenir constamment garnies et plantées, les lisières que l'usufruitier a trouvées telles ; d'utiliser, à chaque émondage, les plus grosses branches pour en faire des plançons, et, s'il n'y en a pas d'assez fortes, d'en réserver quelques-unes sur chaque pied pour l'émondage suivant.

CHAPITRE II°

EAUX

Liv. II, Titre iv du Code Napoléon.

§ 1er

Pour résoudre les nombreuses difficultés que soulève l'usage des eaux courantes, entre les propriétaires riverains, la loi prescrit aux tribunaux, de concilier l'intérèt de l'agriculture avec le respect dû à la propriété; elle les oblige, dans tous les cas, à se conformer aux règlements particuliers et locaux sur le cours et l'usage de ces eaux. (Art. 645.)

Nous n'avons donc qu'à rechercher s'il existe, dans le département, des règlements particuliers qui déterminent, d'une manière précise, quels sont les droits des riverains.

Le résultat de nos investigations, sur ce point, nous a amené à constater qu'il n'y a, à proprement parler, aucun règlement particulier, qui détermine la jouissance des cours d'eau dans la Haute-

Loire ; mais il est bon de recueillir certains usages, qui serviront à éclairer ceux qui auront à apprécier les questions délicates, qui se présentent si souvent en cette matière.

Au Monastier, à Saugues, il est d'usage que les usines chôment du samedi soir au lundi matin et que les eaux soient, pendant cet intervalle, exclusivement employées à arroser les prairies.

Le même usage existe dans les deux cantons du *Puy,* le chômage des usines a lieu, du samedi à midi, au dimanche à midi, et les eaux sont employées, pendant ce temps, aux besoins de l'agriculture.

Dans le canton de *Solignac,* du 25 mars au 8 septembre, les moulins ont droit aux eaux pendant le jour et les prairies pendant la nuit ; pour le reste de l'année, elles sont exclusivement affectées au service des moulins, à l'exception des dimanches et jours de fêtes religieuses, même de celles qui ne sont plus chômées aujourd'hui.

Il est encore d'usage dans le canton de *Solignac,* dans celui de *Loudes* et de *Pradelles,* si les eaux se sont gelées, pendant qu'un propriétaire arrosait sa prairie, que celui qui a droit aux eaux après lui, ne peut s'en servir et les lui enlever, qu'après qu'elles ont cessé de l'être.

Les eaux courantes, dans le canton de *Loudes,* sont généralement attribuées, pendant le jour, aux propriétaires des moulins, pendant la nuit, aux propriétaires des prairies.

A Paulhaguet et à La Chaise - Dieu, les moulins peuvent absorber toutes les eaux, en temps de sécheresse.

Le même usage existe à *Tence,* mais les usiniers sont obligés de payer une indemnité aux propriétaires des prairies.

Nous avons dû nous abstenir de relever dans ce travail, les actes nombreux et divers qui fixent l'usage des eaux courantes, soit en vertu de la destination du père de famille, soit à la suite de conventions volontaires ou de décisions judiciaires; ce ne sont pas là des règlements particuliers qui puissent être appliqués à ceux qu'ils ne concernent pas et lier la décision du juge; tout au plus, peut-on s'en servir pour y puiser des analogies et y trouver des jalons.

§ 2

Usage des eaux de source

Quoique nous n'ayons pas à nous occuper des eaux de source, puisque la loi ne renvoie pas à l'usage local en pareille matière, nous croyons cependant devoir relever un fait, qui servira quelquefois, à lui seul, à résoudre les difficultés qui peuvent naître, entre le propriétaire d'une source et ceux qui prétendent avoir prescrit le droit de s'en servir, au moyen de travaux exécutés sur les fonds où elle prend naissance.

Nous voulons parler de l'habitude générale où sont les propriétaires de la Haute-Loire, d'assainir leurs héritages, en pratiquant dans le sol, des pierrées, qui sont presque toujours bâties à leur extrémité, comme le seraient des aqueducs, que le propriétaire inférieur aurait construits, dans son intérêt personnel.

Il n'arrive que trop souvent, que le propriétaire inférieur, qui a utilisé, pendant de longues années, les eaux dont son voisin a voulu se débarrasser, croit avoir le droit de se prévaloir de ces travaux d'assainissement et de les faire considérer comme des travaux ayant le caractère aggressif, nécessaire pour acquérir une servitude.

Sans rien préjuger sur ce point, l'habitude générale, que nous constatons, est dans la plupart des cas, de nature à fonder la présomption, que les travaux que nous avons indiqués, ont été faits par le propriétaire supérieur et dans son intérêt.

MM. les Juges de paix que nous avons consultés, nous ont appris que cette présomption est généralement admise par eux, en matière possessoire.

§ 5

Fossés

Nous ne parlerons des fossés que pour dire, que ce mode d'irrigation ou de clôture est à peu près inconnu dans la Haute-Loire et qu'il n'existe pas d'usage bien constant, pour établir s'ils sont ou non mitoyens. Cependant, un fossé est assez généralement considéré, comme mitoyen, si la terre a été rejetée des deux côtés; si elle ne l'a été que d'un côté, il est présumé appartenir au propriétaire du terrain, sur lequel la terre est rejetée. L'usage le décide ainsi, d'une manière précise, dans le canton d'*Auzon*.

Il est d'usage, dans le canton de *Brioude*, à défaut de titres ou de preuves contraires, de considérer le fossé, qui sépare deux héritages supérieurs l'un à l'autre, comme étant l'accessoire de l'héritage inférieur.

§ 4

Curage des ruisseaux

Dans un mémoire, présenté à la Société d'agriculture du Puy, le six janvier 1848, Monsieur Enjubault, aujourd'hui conseiller à la cour impériale de Riom, a fait ressortir avec beaucoup de force et d'autorité, le danger qui résulte pour la propriété publique et privée, de l'absence de toute réglémentation applicable au curage des ruisseaux.

La loi du 14 floréal, an XI, avait fait pressentir que l'on édicterait des mesures de police, pour protéger efficacement les propriétés riveraines des cours d'eaux et pour prévenir les calamités publiques, qui résultent de leurs débordements. Ces mesures ne sont pas encore prises et nous sommes toujours sous l'empire de la loi de l'an XI, qui a provisoirement renvoyé aux anciens règlements et aux usages locaux.

Or, nous ne connaissons pas de règlements anciens, applicables à la police des cours d'eaux de la Haute-Loire, et l'usage n'y a établi aucune règle, pour protéger de si graves intérêts ; non-seulement le lit d'un ruisseau n'y est jamais nettoyé, non-seulement on ne prend aucun moyen, pour laisser aux eaux un libre cours, mais encore, chaque riverain, jaloux d'accroître son héritage, de le protéger contre leur invasion, exécute à sa guise, le plus souvent sans contrôle, les travaux qui lui conviennent, et il n'a d'autre contradicteur que son voisin, qui se hâte d'imiter son exemple.

Sans doute, l'administration peut exercer sur cette partie importante de la propriété publique, le droit de tutelle, qui lui appartient sur tout ce qui concerne la sécurité générale des campagnes ;

mais, qui ne comprend, que son œil vigilant ne peut voir, que ses agents ne peuvent atteindre les détails infinis de ces usurpations journalières, de ces empiétements incessants, de ces plantations continuelles, qui rétrécissent le lit des ruisseaux, élèvent le niveau de leurs eaux et finissent par amener des désastres inévitables.

Nous appelons donc, d'une manière toute spéciale, l'attention des rédacteurs du Code rural, sur les moyens pratiques, qui pourraient être employés pour placer, près du lieu même où ils sont commis, des agents chargés de constater des abus qui, de loin, sont insai_sissables, et de les réprimer par une législation simple, expéditive et économique.

CHAPITRE III

DISTANCE ET OUVRAGES INTERMÉDIAIRES

PRESCRITS POUR CERTAINES CONSTRUCTIONS

Livre II, Titre IV, Section 2 du C. Napoléon.

Le Code ne prescrit aucune règle sur les précautions, qu'il convient de prendre, quand on veut construire, auprès d'un mur commun ou du mur d'autrui; certains ouvrages, tels qu'un four, un puits, une fosse d'aisance, une cheminée, une étable, etc., dont l'établissement peut compromettre la sûreté ou la salubrité des constructions voisines.

Sur ce point, la loi actuelle s'en rapporte, d'une manière exclusive, aux règlements et aux usages particuliers de chaque pays, et elle maintient, par là même, les dispositions qu'ils ont plus ou moins empruntées aux anciennes coutumes.

Nous appelons de tous nos vœux une réglémentation générale,

qui remplace ce que les habitudes anciennes ont d'incertain ou de vicieux.

Il serait important que, pour chaque espèce de construction insalubre ou dangereuse, la loi prescrivît des mesures, à l'aide desquelles la propriété du voisin fût sagement protégée ; les règles de l'art sont assez sûres aujourd'hui, pour qu'il soit temps de les substituer aux précautions inutiles ou à l'incurie, que l'usage consacre encore tous les jours.

Et si l'on craint de froisser de vieux souvenirs, ou de rendre certaines prescriptions trop onéreuses, parce que telle mesure, facile à prendre dans une région de la France, serait, ailleurs, d'une application coûteuse ou difficile, tout au moins est-il indispensable que la loi, en renvoyant aux usages constants, indique les règles positives que l'on devra observer, quand les règlements et les usages locaux sont muets.

On pourrait aussi, en réglémentant cette matière, faire cesser l'incertitude que présente la loi de 1838, sur le point de savoir si les juges de paix peuvent connaître, non-seulement des actions, qui tendent à faire appliquer aux constructions et travaux mentionnés en l'art. 674, les prescriptions des usages ou des règlements locaux, mais encore de celles, qui sont la conséquence de ces travaux ou de ces constructions, et, par exemple, des demandes en indemnité du préjudice qui peut en résulter, alors même qu'ils ont été faits conformément à ces usages ou à ces règlements.

En leur attribuant, d'une manière précise, la connaissance de ces dernières actions, on ne ferait, selon nous, que confirmer une compétence qu'ils ont déjà.

En attendant le bienfait d'une disposition législative, qui fixe les incertitudes et opère, dans cette partie des rapports entre voisins, la fusion qui s'est faite dans les mœurs, nous avons dû relever, d'une manière aussi exacte que possible, les usages nombreux et variés, qui ont force de loi, dans la Haute-Loire, et nous allons les préciser, pour chaque espèce de construction.

§ 1er

Fours

Dans presque tous les cantons de la Haute-Loire, il n'est permis de construire un four, contre un mur mitoyen ou non, qu'en établissant un contre-mur, dont l'épaisseur varie de 28 à 35 centimètres, suivant la nature des matériaux ; cette épaisseur est, à *Allègre*, de 28 ; à *Loudes*, de 30 ; à *Cayres,* la *Chaise-Dieu*, le *Monastier*, *Solignac*, le *Puy*, *Vorey,* de 33 centimètres ; à *Saint-Paulien*, le contre-mur doit avoir la même épaisseur que le mur divisoire, s'il est cimenté avec de la terre ou du mortier argileux ; et 35 centimètres d'épaisseur seulement, s'il est bâti avec chaux et sable.

A *Saugues*, on exige un contre-mur, mais l'épaisseur n'en est point déterminée ; il faut seulement qu'il soit soigneusement crépi.

Dans le canton de *Bas,* l'usage prescrit la construction d'un contre-mur de 50 centimètres au moins d'épaisseur.

Dans les cantons d'*Auzon*, de *Bas*, de *Craponne*, de *Langeac*, on observe la coutume de Paris, qui veut que celui qui construit un four, laisse un demi-pied de vide entre le mur du four et celui du voisin, et que le mur du four ait au moins un pied d'épaisseur.

Allègre, Loudes, Paulhaguet participent de çette coutume, avec cette modification, que le vide obligatoire, qu'on désigne par le nom de *tour du chat*, ne doit avoir, à Loudes, que 16 centimètres ; à Paulhaguet, que 17 ; à Allègre, que 20 centimètres. A *Brioude*, il est d'usage de laisser un vide de 20 centimètres, et le mur du four doit avoir l'épaisseur d'une brique, prise dans sa longueur, c'est-à-dire 20 à 25 centimètres.

Dans le canton de Fay, un four ne peut être construit qu'à 25 centimètres du mur du voisin, mitoyen ou non ; mais la cheminée peut en être appliquée immédiatement contre ce mur.

A *Saint-Didier, Monistrol* et à *Montfaucon*, le constructeur du four n'est soumis à aucune condition pour l'épaisseur du mur ; il suffit qu'il construise à 30 centimètres du mur divisoire.

A *Pradelles*, *Saint-Julien-Chapteuil* et *Yssingeaux*, aucune précaution n'est imposée par l'usage.

§ 2

Puits

La distance à observer et les précautions à prendre, pour établir un puits, près de l'héritage du voisin, varient considérablement dans le département ; ainsi, tandis qu'à *Bas, Monistrol, Saint-Julien-Chapteuil, Pradelles*, l'usage ne prescrit aucune distance ni aucun mode spécial pour la construction d'un puits ; tandis qu'à *Langeac*, il suffit que celui qui creuse un puits, le construise assez solidement, pour retenir le terrain et pour ne pas permettre aux eaux de s'infiltrer ; dans d'autres cantons, l'usage a posé des règles de solidité et des garanties, auxquelles tout constructeur est tenu de se conformer.

Ainsi, à *Saint-Didier* et à la *Chaise-Dieu*, il est interdit de bâtir un puits, à moins d'un mètre de distance de la propriété voisine.

Dans de nombreux cantons, on exige un contre-mur dont l'épaisseur varie : elle est de 33 centimètres à *Auzon*, à *Cayres*, à *Craponne*, à *Loudes*, au *Monastier*, au *Puy*, à *Paulhaguet*, à *Solignac*, et de 35 centimètres à *Allègre*. A *Saint-Paulien*, le contre-mur doit avoir la même épaisseur que le mur divisoire, s'il est bâti en terre ou mortier argileux ; mais, s'il est bâti en mortier de chaux et sable, son épaisseur se réduit à 35 centimètres.

A *Auzon* et à *Craponne*, celui qui veut construire un puits près d'un mur, contre lequel le voisin a lui-même un puits, ou une fosse d'aisances, doit faire bâtir une maçonnerie de 4 pieds d'épaisseur, entre le puits et la fosse d'aisances, et de 3 pieds seulement entre les deux puits.

Le canton de *Fay* est tellement riche en fontaines, qu'il ne s'y rencontre aucun puits. Il n'en existe pas non plus, dans le canton de *Pinols*.

Il n'y a pas d'usage constant, sur ce point, dans les autres cantons.

§ 3

Fosses d'aisances

L'usage le plus généralement répandu, touchant les mesures de précaution, qu'est tenu de prendre un propriétaire, qui veut construire une fosse d'aisances, est de bâtir un contre-mur entre les parois de la fosse et la propriété voisine.

L'épaisseur de ce contre-mur varie suivant les cantons. Ainsi à

Saugues, elle n'est pas déterminée, mais il faut que ce contre-mur soit crépi avec soin.

Elle doit être de 33 centimètres à *Auzon, Cayres, Craponne, la Chaise-Dieu, le Monastier, Monistrol, Montfaucon, le Puy, Loudes, Paulhaguet, Solignac* et *Vorey* ; elle n'est que de 22 centimètres à *Brioude* et à *Langeac*, tandis qu'à *Allègre* et à *Saint-Paulien*, on exige 35 centimètres ; à *Blesle*, 40 à 50 centimètres.

Dans les cantons de *Bas*, de *Saint-Didier*, on ne peut établir une fosse d'aisances, à moins de 50 centimètres d'un mur divisoire, et ce mur, dans le canton de *Bas*, doit être construit avec du mortier ou de la chaux ; dans celui de *Saint-Didier*, il doit être parfaitement recrépi.

Constatons, comme un fait qui prouve jusqu'à quel point, certaines populations de notre département sont encore éloignées du bien-être et de la propreté , que s'il n'existe aucun usage, dans les cantons de *Fay*, de *Pinols* , cela tient à ce que les fosses d'aisances y sont complétement inconnues.

Aucune précaution n'est prescrite par l'usage dans le canton de *Saint-Julien-Chapteuil*.

Il n'existe aucun usage, sur ce point, dans le canton de *Pradelles*.

§ 4

Cheminées

L'usage prescrit généralement pour ce genre de construction, joignant un mur mitoyen, l'établissement d'un contre-mur, dont l'épaisseur n'est pas déterminée. Pour le canton de *Saugues*, il suffit que ce contre-mur soit crépi avec soin ; mais elle ne peut pas être moindre, que celles qui sont indiquées ci-après :

De 33 centimètres dans les cantons de *Cayres*, *la Chaise-Dieu*, *le Monastier*, *le Puy* et *Solignac;* de 17 centimètres *à Paulhaguet*, *Vorey;* de 22 *à Langeac*, jusqu'à la hauteur du manteau de la cheminée; de 28 *à Allègre*.

Cette épaisseur doit égaler celle du mur mitoyen, dans le canton de *Saint-Paulien*, lorsque la cheminée est bâtie en mortier de terre ou d'argile; elle doit être de 35 centimètres, s'il est construit en mortier de chaux et sable.

Dans ceux de *Monistrol*, *Montfaucon*, *Saint-Julien-Chapteuil* et de *Saint-Didier*, il n'est pas d'usage d'exiger de contre-mur; il suffit de recrépir le mur, jusqu'à une hauteur de 2 mètres.

La coutume de Paris est exactement suivie dans les cantons d'*Auzon* et de *Craponne :* l'usage prescrit un contre-mur d'un demi-pied d'épaisseur.

Dans le canton de *Fay*, l'usage n'oblige à aucune précaution, et c'est avec la plus grande imprudence, que les cheminées sont construites contre le mur mitoyen.

A *Bas*, à *Loudes*, à *Pradelles* il n'existe non plus aucun usage sur ce point.

Nous manquons de renseignements pour *Yssingeaux*.

§ 5

Forges

Il en est des forges comme des cheminées, dans la plupart des cantons de la Haute-Loire; celui qui veut bâtir une forge, près d'un mur mitoyen, est tenu d'élever un contre-mur dont l'épaisseur, dans les cantons d'*Allègre*, de *Cayres*, *la Chaise-Dieu*, *Langeac*, *le Monastier*, *Paulhaguet*, *le Puy*, *Solignac* et *Vorey*, est la

même que celle qui est exigée pour le contre-mur des cheminées·
Elle est de 50 centimètres dans le canton de *Bas.*

Dans les cantons de *Loudes, Monistrol, Saint-Didier,* l'usage ne
prescrit aucun mode de construction spéciale.

Il est d'usage, dans le canton de *Montfaucon,* d'isoler le foyer
de la forge par un contre-mur de 33 centimètres d'épaisseur. Dans
celui de *Brioude,* par un contre-mur de 15 centimètres seulement, mais qui doit être constamment entretenu dans un parfait
état.

A *Craponne* et à *Auzon,* celui qui veut élever une forge, est
tenu de bâtir un mur d'un demi-pied d'épaisseur et de laisser un
demi-pied de vide entre ce mur et celui du voisin, qu'il soit mitoyen
ou non.

A *Pradelles,* il est d'usage d'exiger un contre-mur, mais, son
épaisseur n'est pas déterminée.

A *Fay,* l'usage prescrit de laisser un vide de 25 centimètres, entre
le mur contre lequel est bâtie la forge et le mur mitoyen ; mais
la cheminée peut en être appliquée immédiatement contre ce mur.

A *Saint-Julien-Chapteuil,* on se borne à recrépir le mur mitoyen.

§ 6

Etables

Dans les cantons d'*Auzon,* de *Craponne,* de *Langeac* et du *Puy*
il est interdit de construire une étable contre un mur mitoyen,
sans faire un contre-mur de 8 pouces d'épaisseur, jusqu'à la hauteur de la mangeoire.

Cet usage existe aussi à *Vorey*, où l'épaisseur du contre-mur est fixée à 17 centimètres.

A Brioude, il est d'usage d'exiger un contre-mur de l'épaisseur d'une brique mise à plat, mais cette précaution n'est prescrite, pour les étables à un seul rang de bestiaux, que du côté du mur opposé à la mangeoire, et pour celles à deux rangs, que dans le cas où les bestiaux n'ont pas la tête tournée vers la muraille.

Aucune précaution n'est obligatoire dans les autres cantons.

§ 7

Fumiers

L'usage ne prescrit aucun mode particulier de construction, ni aucune précaution pour adosser une fosse à fumier contre un mur mitoyen ou non, dans les cantons d'*Allègre*, de *Brioude*, de *Fay*, de *Loudes*, de *Pradelles*, de *Saint-Julien-Chapteuil*, de *Solignac* et de *Vorey*.

Il n'existe aucun usage, sur ce point, dans les cantons de *Lavoûte*, *Monistrol*.

Dans les deux cantons du *Puy*, dans celui de *Montfaucon*, il est d'usage de construire un contre-mur de 33 centimètres d'épaisseur entre la fosse à fumier, et le mur voisin, mitoyen ou non.

A *Saint-Paulien* et à *Pinols*, ce contre-mur doit avoir 35 centimètres d'épaisseur; dans celui de *Langeac*, 22 ; dans celui de *Bas*, 50 centimètres.

Dans les cantons de *Blesle*, de *Saint-Didier*, on exige la construction d'un contre-mur, mais l'épaisseur n'en est pas déterminée.

Dans celui de la *Chaise-Dieu*, il doit avoir 1 mètre d'épaisseur.

Les fosses à fumier ne se rencontrent que dans les grandes exploitations du canton de *Paulhaguet* ; elles sont dans l'intérieur des bâtiments et ne sont soumises à aucune règle de construction. Les dépôts partiels de fumiers, près d'un mur même mitoyen, doivent, d'après l'usage de ce canton, être faits de manière à ne pas toucher ce mur.

Sans qu'il y ait d'usage bien constant dans le canton du *Monastier*, celui qui veut adosser une fosse à fumier contre un mur mitoyen, construit habituellement un contre-mur, d'une épaisseur égale à celle du mur mitoyen.

Dans le canton d'*Auzon*, celui qui veut adosser du fumier contre un mur mitoyen, est tenu de laisser un vide de 30 centimètres entre ce mur et le fumier, ou de construire un contre-mur de 30 centimètres d'épaisseur.

Nous manquons de renseignements pour les autres cantons.

CHAPITRE IV.

_____

HAUTEUR DES CLOTURES

Liv. II. Titre iv. C. N.

Dans les villes et leurs faubourgs, chacun peut contraindre son voisin à contribuer à la construction et à la réparation de la clôture qui sépare les maisons, les cours et les jardins ; ce droit et cette obligation n'existent nulle part ailleurs.

Comme il n'est pas toujours facile d'apprécier si une agglomération d'habitants est une ville ; qu'il est souvent impossible de préciser où finit un faubourg, l'exécution de l'article 663 du Code Napoléon présente de nombreuses difficultés.

Il n'entre pas dans le cadre de ce travail, de rechercher quels sont les titres administratifs, qu'invoquent diverses agglomérations d'habitants, dans la Haute-Loire, pour se décorer du titre de ville. Telle communauté, qui produit d'anciennes chartes, n'est plus aujourd'hui qu'un hameau ; et telle autre, hameau à son début, a

3

pris de si grands développements, qu'on peut la considérer comme une ville.

Etienne Médicis, dans son manuscrit *de Podio*, énumère les villes closes du *Bailliaige de Vellay* ; ce sont :

Le Puy.	Roche-en-Regnier.
Le Cloistre et Agulhie.	Chalencon.
Espaly.	Crappone.
Ceissac.	Yssinghaux.
Sollempnhac.	Vernasaulx.
Tense.	Sansac.
Montfaulcon.	Lissac.
Sainct-Desdier.	Blanzac.
Monistrol.	Bouzols.
Auriec.	Monestier.
Lode.	Sainct-Agrève.
Bauzac.	Pradelas.

Il suffit de jeter un coup-d'œil sur ce tableau, pour voir qu'on ne trouve guère, aujourd'hui, que des ruines dans bien des lieux que le chroniqueur signalait comme des villes.

Quoi qu'il en soit, les localités que nous allons énumérer prennent toutes cette qualification, bien que, pour quelques-unes, elle ne soit plus justifiée par leur importance.

Ce sont: *Allègre, Aurec, Bas, Brioude, la Chaise-Dieu, Craponne, Saint-Ferréol-d'Auroure, Saint-Just-Malmont, Langeac, le Monastier, le Puy, Monistrol, Montfaucon, Paulhaguet, Pradelles, Roche-en-Regnier, Saugues, Saint-Pal-en-Chalencon, Saint-Pal-de-Mons, Saint-Didier, Saint-Romain-Lachalm, Saint-Victor-Malescours, Tence* et *Yssingeaux*.

Il résulte des renseignements que nous avons pris que, dans tous ces lieux et leurs faubourgs, la clôture est forcée; que, partout ailleurs, elle n'est pas obligatoire.

Il suffit de connaître la population et l'importance des chefs-lieux de communes de la Haute-Loire et de les comparer entre eux, pour être convaincu, que cette classification est arbitraire et de pure fantaisie; qu'elle n'atteint pas le but que le législateur s'est proposé, en édictant l'article 663, de pourvoir à la sécurité des habitants des villes et d'y rendre l'exercice de la police plus facile.

Qu'importe, en effet, aujourd'hui, à celui qui habite un centre populeux, qu'il soit plus ou moins ancien et qu'on retrouve, ou non, dans de vieux parchemins, les titres constitutifs de son origine ou de sa municipalité; ce qui l'intéresse, c'est qu'il puisse faire concourir son voisin à la clôture, qui est destinée à protéger sa personne et ses biens, lorsqu'ils sont plus directement menacés par la réunion, sur un seul point, d'un grand nombre d'individus.

Il serait donc essentiel, qu'une disposition législative vînt combler la lacune qu'a laissée subsister la loi de l'an XI, et qu'en prenant pour base la population, elle indiquât d'une manière exacte et précise quelles sont les localités, qui sont atteintes par la servitude légale, dont nous nous occupons, et quel est le périmètre, dans lequel sont englobés leurs faubourgs. Nous pensons, qu'au lieu de restreindre le nombre de ces localités, on devrait tendre à l'augmenter; ce ne serait pas, selon nous, imposer une charge trop lourde à la propriété, si on la compare aux avantages nombreux, dont jouissent aujourd'hui les plus petites communes.

Une loi, sur ce point, aurait encore pour résultat de faire cesser l'incertitude sur une question de compétence qui divise encore de

bons esprits, celle de savoir : s'il appartient, ou non, aux tribunaux civils, lorsqu'ils sont saisis d'une question de clôture forcée,
de décider qu'une localité est ou n'est pas une ville ; que telle ou
telle partie constitue un faubourg.

L'article 663 s'en réfère aux règlements particuliers et aux usages constants et reconnus, pour déterminer la hauteur que doit
avoir la clôture, dans les lieux où elle est forcée, et ce n'est qu'en
l'absence de ces règlements ou usages, que la loi la détermine elle-
même.

Les informations que nous avons prises sur ce point nous ont
donné la certitude que, dans toutes les villes de la Haute-Loire, les
habitants sont obligés de se conformer à la hauteur légale de deux
mètres soixante centimètres, compris le chaperon ; et qu'il n'y a
d'exception que pour *Montfaucon* et *Yssingeaux*, où l'usage l'a
fixée à deux mètres seulement ; pour *Brioude*, où elle est portée à
deux mètres soixante-sept centimètres.

Qu'il nous soit permis d'ajouter, qu'il serait utile de faire disparaître de nos Codes la distinction, établie par l'article 663 entre les
villes, où l'on suit d'anciens usages, et celles où il n'en existe pas.
Le législateur de 1804, en remaniant nos lois civiles, était placé
dans d'autres conditions que nous, et si nous admirons la pru-
dence dont il a usé, pour familiariser les populations avec les
idées qui les séparaient des anciennes traditions, nous sommes
convaincus que la fusion est complète aujourd'hui, et qu'en prescri-
vant une hauteur uniforme, pour tous les centres de population où
la clôture serait forcée, on leur rendrait service, en faisant disparaître une cause de procès.

CHAPITRE V

PLANTATIONS

§ 1er

Distance à observer pour la plantation des arbres et haies vives.

Les arbres qui couvrent le sol de la France sont d'espèces si variées, leur culture, leur taille sont si différentes et se modifient tellement dans les mêmes espèces, suivant le climat, la nature du terrain et les besoins des habitants; le dommage que leur crois-sance et leur développement peut causer aux héritages voisins, dépend de conditions si multiples, que le législateur ne pouvait mieux faire que de s'en référer aux règlements particuliers et aux usages constants et reconnus, pour la distance à laquelle ils peu-vent être plantés, entre propriétés limitrophes.

En cette matière, l'usage est la règle générale, et ce n'est qu'en son absence et pour y suppléer que la loi décide, que les arbres à haute tige ne peuvent être plantés, qu'à la distance de deux mètres de la ligne séparative de deux héritages et à celle d'un demi-mètre, pour les autres arbres et haies vives.

Précisons donc les usages qui ont force de loi :

Dans les cantons de *Fay*, du *Monastier*, de *Solignac*, il est permis de planter toute espèce d'arbres, à l'extrême limite de sa propriété, quelle que soit d'ailleurs la nature de celle du voisin, que le mur soit mitoyen ou non ; cet usage constant, loin d'être contraire à l'intérêt de l'agriculture, paraît consacrer une convention tacite, entre les propriétaires, pour utiliser, de la manière la plus avantageuse, les parties extrêmes de leurs héritages ; les tribunaux s'y conforment.

Dans les cantons de *Cayres*, de *Pradelles*, de *Saint Julien-Chapteuil*, de *Loudes*, de *Vorey*, la même habitude existe, mais à l'état de simple tolérance, et s'il survient, dans ces cantons, une contestation entre voisins, ils sont réciproquement tenus d'observer les distances, indiquées par la loi, pour la plantation de toute espèce d'arbres.

Toutefois dans le canton de *Vorey*, s'il existe un mur de clôture, l'usage permet de planter toute espèce d'arbres sans observer aucune distance.

Dans le canton de *Craponne*, on se conforme au Code Napoléon pour les arbres à haute tige ; mais pour les arbres à basse tige, l'usage ne permet de les planter qu'à un mètre de la limite, à moins qu'ils ne soient placés près d'un mur, cas auquel ils peuvent être plantés contre ce mur, s'il est mitoyen, et tout près du mur s'il ne l'est pas.

D'après l'usage adopté dans la majeure partie des communes du canton d'*Auzon*, les ormeaux, frênes, chênes, sycomores, platanes, érables, le noyer et autres arbres fruitiers ne peuvent être plantés qu'à deux mètres de la limite de l'héritage du voisin; mais certains arbres, à haute tige et à racines pivotantes, peuvent être plantés à la distance d'un mètre seulement; tels sont le peuplier indigène, les peupliers d'Italie, de Hollande, le saule, l'acacia.

A *Saint-Didier*, le noyer et le châtaignier ne peuvent être plantés qu'à trois mètres de la ligne séparative de deux héritages ; le prunier à un mètre , les autres arbres, à haute tige , à deux mètres.

Dans le canton de *Montfaucon*, on observe la distance indiquée par la loi, pour toute espèce de plantations; mais les arbres à basse tige peuvent être plantés contre le mur mitoyen et tout auprès, s'il ne l'est pas.

Dans celui de *Brioude*, on se conforme aussi à la distance légale, à moins qu'il n'existe un mur de clôture, et dans ce cas, il est permis de planter toute espèce d'arbres, sans observer aucune distance.

Enfin, dans les cantons d'*Allègre*, de *Bas*, de *Blesle*, de *Lavoûte*, de *Monistrol*, du *Puy*, de *Paulhaguet*, de *Saint-Paulien*, de *Saugues*, de *Tence* et d'*Yssingeaux*, on suit exclusivement les dispositions de la loi.

Il en est de même à la *Chaise-Dieu* et à *Langeac*, à cette seule exception près, que lorsque les propriétés sont séparées par un mur mitoyen, les arbres à basse tige à la *Chaise-Dieu*, et de plus les treilles à *Langeac*, peuvent être plantés contre ce mur.

Ajoutons qu'en ce qui concerne les bois, l'usage constant et général dans tous les cantons, permet de planter jusqu'à l'extrême limite, lorsque la propriété voisine est également en nature de bois; dans le cas contraire, la distance légale, ou celle qui est prescrite par l'usage, sont observées.

Il en est de même lorsque les plantations bordent les ruisseaux.

Les haies vives ou sèches sont peu nombreuses dans la Haute-Loire.

Ainsi il n'en existe presque aucune dans les cantons d'*Allègre*, de *Cayres*, de *Craponne*, de *Fay*, de *St-Paulien*, de *Pradelles*, de *Saugues*, de *Solignac* et d'*Yssingeaux*.

Dans les cantons de *Loudes*, du *Monastier* et de *St-Didier*, l'usage permet de planter les haies à l'extrême limite de la propriété à charge de les tenir constamment taillées, de manière à ce que les branches n'avancent pas sur le sol du voisin ; aucun usage ne détermine la hauteur qu'elles peuvent avoir.

Les haies ne peuvent être plantées à moins d'un mètre de la limite, dans le canton de *Montfaucon*.

Les dispositions de l'art. 671 sont scrupuleusement observées dans les cantons d'*Auzon*, de *Bas*, de *Blesle*, de *Langeac*, de *Paulhaguet*, de *Pinols*, de *St-Julien-Chapteuil* et de *Vorey*. Il en est de même dans celui de la *Chaise-Dieu*, mais l'usage ne permet pas qu'elles aient plus de 1 mètre 50 cent. d'élévation.

§ 2

Branches. — Racines. — Fruits tombés sur le sol du voisin

Contrairement à l'avis de certains jurisconsultes anciens, le Code a fixé une règle précise, qui permet à tout propriétaire de

contraindre son voisin à couper les branches des arbres et qui
l'autorise à couper, lui-même, les racines qui avancent sur son
héritage. Il serait utile d'indiquer, par une disposition législative, que ce droit est absolu , qu'il s'étend à toute espèce d'arbre ,
sur toute la hauteur qu'ils peuvent avoir ; qu'il existe, malgré tous
usages contraires, et nonobstant toute prescription acquise par le
propriétaire de l'arbre, pour le conserver à la distance moindre
que celle permise par la loi ou par les usages ; qu'il est indépen-
dant aussi de la nature du fonds limitrophe. Il ne serait pas non
plus sans importance de décider, que celui qui a acquis, par prescription, le droit d'avoir un arbre, à une distance moindre que
celle que l'usage ou la loi autorisent, ne peut être contraint de le
déraciner, alors même que l'immeuble voisin est une maison ; ce
serait consacrer des principes, qui nous paraissent conformes au
droit.

Il est hors de doute que les fruits des branches , qui
s'avancent sur le fonds voisin, appartiennent au propriétaire de
l'arbre qui les produit ; mais pourra-t-il exiger le passage, sur ce
fonds, pour les cueillir ? Cette question qui divise les auteurs les
plus recommandables, devrait encore recevoir une solution dans
la nouvelle législation rurale ; et s'il nous est permis de la préjuger,
nous dirons : que quelles que soient les obligations qu'impose le
voisinage, le Code n'ayant maintenu aucune servitude légale pour
cet objet, il n'est pas de considérations, qui puissent autoriser aujourd'hui à la faire admettre — qu'on ne doit pas se montrer favorable à celui qui profite déjà de la tolérance de son voisin, pour
obtenir des fruits, sur des branches qui vivent au-dessus d'un sol,
qui n'est pas à lui—que le droit d'aller chez le voisin , pour cueillir

les fruits, dans de pareilles circonstances, aurait l'inconvénient de gêner la propriété et d'amener des conflits—et qu'autre chose est de souffrir l'ombre que les branches projettent sur un héritage, autre chose est d'y subir la présence d'un étranger.

Le point de savoir à qui appartiennent les fruits produits par les branches qui avancent sur le sol du voisin, lorsqu'ils sont tombés sur ce sol, est aussi matière à discussion; les uns puisent encore aujourd'hui, dans le droit romain, l'exercice de l'action *ad excipiendum* et accordent au propriétaire de l'arbre le droit de se les faire représenter; d'autres font découler des rapports qu'établit le voisinage, le droit d'aller sur l'héritage voisin pour y ramasser les fruits tombés; quelques-uns limitent l'exercice de ce droit à un temps déterminé, après la chute des fruits; il en est enfin, qui accordent tout ou partie des fruits tombés, au voisin, comme une chose trouvée ou comme une indemnité du tort que les branches lui ont causé.

Dans ce conflit d'opinions contradictoires, nous penserions: que, du moment où le propriétaire de l'arbre n'a pas cueilli ses fruits avant qu'ils soient tombés, il y a présomption qu'il y a renoncé; et qu'il serait plus à propos de décider, qu'ils ont cessé d'être sa chose, au moment où ils se sont naturellement séparés des branches qui lui appartiennent; que l'en reconnaître propriétaire, sans qu'il puisse, comme nous le pensons, aller sur l'héritage voisin, pour les ramasser, ce serait lui accorder un droit illusoire; et que pour concilier les intérêts de tous, on devrait attribuer la propriété des fruits, en pareil cas, à celui sur le sol duquel ils sont tombés, et faire cesser, ainsi, un prétexte perpétuel de querelles et de tracasseries, pour un intérêt modique.

Si nous sommes bien informés, c'est ainsi qu'on le décide dans les départements voisins, tels que le Puy-de-Dôme et le Cantal.

Voici au surplus de quelle manière l'usage tranche cette question dans la Haute-Loire.

Dans les cantons de *Bas*, de *Brioude*, de *Monistrol*, de *Pinols*, du *Puy*, de *Vorey*. Dans la commune de Cussac, canton de *Solignac*, et dans celle de Monistrol canton de *Saugues*, qui sont les seules de ces deux cantons où il y ait des arbres fruitiers, le propriétaire de l'arbre conserve la propriété des fruits tombés sur le sol du voisin et l'usage l'autorise à aller les y ramasser.

Dans ceux de *Lavoûte*, de *St-Julien-Chapteuil*, l'usage attribue la propriété des fruits tombés sur le sol du voisin au propriétaire de l'arbre qui les a produits, mais il ne semble pas que ce même usage l'autorise à aller les y recueillir ; le droit de passage pour cet objet, est une cause de contestations nombreuses dans le premier de ces cantons.

Dans les cantons de *Blesle*, la *Chaise-Dieu*, *Paulhaguet*, *St-Paulien*, l'usage paraît avoir consacré une solution contraire ; les fruits tombés sur le sol du voisin lui sont attribués, et ce n'est que par tolérance que le propriétaire de l'arbre peut aller les y ramasser. Il est certain que l'usage du canton d'*Auzon* attribue au voisin les fruits qui sont tombés chez lui.

Il n'existe aucun usage sur ce point dans le canton de *Langeac* et dans celui de *St-Didier* ; la rareté des fruits n'a pas permis qu'il s'en établît un.

Il n'y a pas d'arbres fruitiers dans les cantons d'*Allègre*, de *Fay*, du *Monastier*, de *Pradelles*, quelques jardins en produisent dans ceux de *Craponne* et de *Loudes*, et sans qu'il y ait un usage bien établi, c'est ordinairement le propriétaire du sol sur lequel ils tombent qui est autorisé à les ramasser.

Les renseignements nous manquent pour les autres cantons; mais, nulle part, il n'est d'usage que les fruits tombés sur le sol du voisin se partagent entre lui et le propriétaire de l'arbre qui les a produits.

... ...

CHAPITRE VI

DES BORNES

§ 1er

De la forme et du caractère des bornes

Ce n'est plus un tombeau ou un autel qui sert aujourd'hui de
limite à la propriété rurale, et nous ne vivons plus à cette époque,
où celui qui déplaçait une borne, était noté d'infamie et puni du
supplice des sacriléges.

Le signe apparent du bornage a subi les transformations, qui
sont la conséquence de la mobilité et de la division de la propriété,

Les valeurs mobilières ayant pris une large part dans la richesse
publique, ont enlevé aussi à la possession du sol une partie de son
prestige.

Aujourd'hui, la borne d'un héritage est facile à placer, elle s'en-
lève également sans beaucoup d'efforts.

Dans la Haute-Loire, elle consiste en une simple pierre longue, applatie, de 40 à 60 centimètres, que l'on enfonce en terre jusqu'aux trois quarts de sa longueur, sur la ligne séparative des propriétés.

Pour en constater le caractère et éviter qu'elle ne se confonde avec d'autres, on est dans l'usage de placer, de chaque côté de la borne, les deux fragments d'une même pierre cassée en deux, ou deux pierres plates. L'un de ces fragments ou l'une des pierres est enfoncé dans le sol de l'un des héritages, le second dans celui de l'héritage limitrophe.

Dans le canton de *Vorey*, on a la précaution de choisir des pierres d'une nature différente de celles qui se trouvent sur les lieux.

Dans les arrondissements du *Puy* et de *Brioude*, ces fragments prennent le nom de *témoins*; dans celui d'*Yssingeaux*, on les nomme *gardons*.

Ces témoins ou gardons servent à indiquer dans quel sens se dirige la limite.

Si la borne doit fixer la ligne séparative de trois ou de quatre héritages, on place trois ou quatre témoins; dans ce dernier cas, elle prend le nom de limite-close. Dans le canton de *Fay*, relativement aux limites-closes, on est aussi dans l'usage, de placer autant de bornes, qu'il y a d'héritages ; elles sont immédiatement adossées et juxtaposées les unes aux autres, il n'y a alors qu'un seul témoin pour chacune d'elles.

Dans quelques localités , on met sous la borne des débris de vieilles tuiles pour indiquer que l'homme a présidé à sa plantation.

La limite appartient, par égales portions, aux propriétaires dont elle borne les héritages.

Il n'y a pas d'usage spécial pour reconnaître les limites des bois ; cependant, dans les cantons d'*Auzon*, de *la Chaise-Dieu*, de *Tence* et d'*Yssingeaux*, ils sont généralement limités par un fossé, qui est mitoyen entre chaque propriétaire riverain. Dans le canton de la *Chaise-Dieu* la preuve de la non mitoyenneté du fossé, résulte de cette circonstance que la terre extraite du fossé a été rejetée en entier sur l'un des héritages, dans ce cas le fossé appartient à celui sur le sol duquel la terre a été rejetée.

Dans certains cantons, et notamment dans ceux de *Bas*, de *Lavoûte*, de *Vorey*, on emploie pour limiter les bois, quand les circonstances le permettent, un mode de bornage qui consiste à entailler les rochers qui sont sur la limite ; si l'entaille a la forme d'une croix, elle sert à limiter quatre propriétés ; si elle doit en borner seulement deux ou trois, elle prend la forme d'une équerre ou d'une double équerre.

Ce moyen est également employé, quand les circonstances le permettent, dans quelques cantons tels que celui de *Pradelles* pour borner les propriétés non boisées.

§ 2

Tertres ou talus

Les tribunaux ont trop souvent eu à examiner les questions de propriété, qui ont été soulevées à propos de simples plantations de limites, pour qu'il ne soit pas d'un grand intérêt de rechercher de quelle manière l'usage a prononcé, quant à la délimitation des tertres ou talus, qui séparent les héritages qui sont supérieurs les uns aux autres ; ces bandes de terres, originairement incultes et sans importance, en ont acquis souvent une sérieuse.

Voyons donc quelles sont les règles à l'aide desquelles, en l'absence de titres ou de toute indication, tels que bornes, murs, haies, ou autres signes caractéristiques, doit s'opérer le bornage des talus, dans les divers cantons de la Haute-Loire :

Allègre.—Si le talus sépare deux champs, il appartient au champ supérieur, à moins de limites contraires.

S'il sépare un champ ou un pré, le talus est à moitié et les deux propriétaires ont le droit d'en faire manger l'herbe, mais sans que les pieds de leurs bestiaux puissent reposer sur le talus. Ils doivent rester appuyés sur la propriété appartenant à leur maître.

Auzon. — A défaut de preuves contraires, le talus appartient toujours au propriétaire supérieur ; mais si le talus est gazonné et que la propriété inférieure soit une prairie, le propriétaire de cette prairie peut en faucher l'herbe jusqu'à moitié de la hauteur du talus.

Bas. — Blesle. — Brioude. — Cayres. — Langeac. — Loudes. — Le Monastier. — Montfaucon. — Paulhaguet. — Pinols. — Le Puy. — Saint-Julien. — Solignac. — Tence. — Vorey. — Le talus est toujours considéré comme étant la dépendance du fonds supérieur, quelle que soit d'ailleurs la nature des héritages ; le propriétaire supérieur recueille seul tous les produits du talus, mais sans être autorisé pour cela à passer sur la propriété du voisin.

Craponne. — Le talus est considéré comme étant la propriété du fonds supérieur ; mais, quelle que soit la nature des héritages, le propriétaire inférieur a le droit de le faucher, jusqu'à moitié de l'élévation du talus.

La Chaise-Dieu. — La règle ordinaire est que le talus appartient au propriétaire du fonds supérieur ; mais, si le fonds inférieur est une prairie et si le talus est gazonné, il est dans ce cas considéré comme l'accessoire de cette prairie et appartient au propriétaire inférieur.

Fay-le-Froid. — Le talus est, dans tous les cas, considéré comme étant la propriété de celui à qui le fonds supérieur appartient, mais si ce fonds est un labour et si le fonds inférieur est un pré, le propriétaire de ce dernier héritage a le droit de faucher l'herbe qui croît sur le talus, et s'il ne peut y faucher, il a le droit d'y faire paître; si les deux héritages sont deux prairies, le droit du propriétaire inférieur s'arrête au milieu du talus.

Lavoûte-Chilhac. — Le talus appartient au propriétaire supérieur quand les deux propriétés sont en nature de champ, et au propriétaire inférieur quand sa propriété est un pré, un pacage ou une terre vaine de quelque nature que soit la propriété supérieure.

Monistrol. — *Saint-Paulien.* — Si le fonds inférieur est une prairie, le talus est présumé appartenir au propriétaire de la prairie; si le fonds inférieur est un champ, le talus est présumé appartenir au propriétaire supérieur.

Pradelles. — Quelle que soit la nature des héritages, le talus est présumé appartenir pour deux tiers de sa hauteur, au propriétaire supérieur, et pour un tiers, au propriétaire inférieur.

Saugues. - *Yssingeaux.* — Le talus est dans tous les cas et quelle que soit la nature des héritages, présumé appartenir par moitié au propriétaire supérieur et au propriétaire inférieur.

Saint-Didier. — Quelle que soit la nature des héritages qu'il sépare, le talus appartient toujours au propriétaire supérieur jusqu'à *jambes pendantes*; le surplus appartient au propriétaire du fonds inférieur. Mais ce dernier profite seul des herbes qui recouvrent le talus entier, tandis que les arbres qui y poussent sont jusqu'à preuve contraire présumés appartenir au propriétaire du fonds supérieur.

§ 3

Actions en bornage ou relatives aux distances prescrites pour les plantations

La loi du 11 avril 1838 sur les justices de paix, a eu pour but d'étendre une juridiction toute conciliatrice, de diminuer les frais et de supprimer des formes inutiles.

L'expérience a fait justice de la plupart des critiques dont elle avait été l'objet.

Parmi les matières nouvelles que cette loi a attribuées aux juges de paix, figurent les actions en bornage et celles qui sont relatives à la distance prescrite pour les plantations. Sous l'ancienne loi, ces magistrats ne pouvaient connaître que des déplacements de bornes, qui rentraient dans les actions purement possessoires ; relativement à la distance prescrite pour les plantations, leur compétence était limitée aux demandes qui avaient le même caractère. La loi de 1838 leur a complètement attribué la connaissance de ces actions, mais elle a formellement réservé aux tribunaux de première instance, l'appréciation des questions de propriété, qui peuvent naître incidemment. La compétence des juges de paix n'existe donc : pour le bornage, que lorsque les parties sont d'accord sur l'étendue respective de leur propriété, soit d'après les titres qu'elles produisent, soit d'après leurs droits réciproquement reconnus ; pour l'action relative aux distances prescrites pour les plantations, que lorsque les limites des héritages limitrophes étant certaines, ils ne sont pas appelés à apprécier, soit un titre produit par une partie, soit un droit invoqué par elle et contesté par l'adversaire.

Cette disposition est la conséquence du principe formellement énoncé dans le rapport de cette loi, de vouloir soustraire à la juridiction des juges de paix, toutes les affaires immobilières, même celles de la plus minime importance.

Il faut cependant bien le reconnaître ; toute décision d'un juge de paix, qui fixe des bornes, jusques-là indécises ou qui ordonne la suppression d'une plantation, emporte avec elle cette conséquence, que ce magistrat statue sur une partie de la propriété et qu'il décide sur un point que l'on a voulu laisser en dehors de sa compétence. Or, dans l'intérêt bien entendu des propriétaires limitrophes, qui trop souvent, pour l'objet le plus minime, saisissent les tribunaux de première instance, ne devrait-on pas étendre la juridiction, que la force des choses donne déjà au juge de paix, dans des limites plus ou moins restreintes; et autoriser ces magistrats à statuer en premier ressort, soit sur l'application d'un titre contesté, soit sur l'appréciation de la prescription, lorsque l'objet de la contestation n'excéderait pas la compétence que la loi de 1838 leur a donnée, pour les affaires purement personnelles ou mobilières?

L'action en bornage et celle qui est relative à la distance prescrite pour les plantations, ne peuvent être mises en jeu que lorsqu'elles s'appliquent à des fonds ruraux ; on ne les a jamais confondues avec l'action en revendication, à raison des empiétements commis sur les fonds urbains. Autoriser les juges de paix, dans les questions de propriété de peu d'importance, qu'elles soulèvent si

odinairement, à juger en premier ressort, serait un véritable service rendu aux plaideurs.

La procédure serait simple et peu coûteuse : supposons que le
juge de paix soit sur les lieux, assisté d'un expert ; que l'une des
parties produise un titre ou se prévale de la prescription, pour se
faire attribuer une parcelle de terrain, ou pour se faire maintenir
dans la propriété d'une plantation que son voisin lui conteste ; le
juge de paix, donnant acte de sa demande à celui qui produit le
titre contesté ou qui se prévaut de la prescription (ce qui équivau-
drait à une citation régulière et lierait le débat), devrait d'abord
prescrire à l'expert de fixer, par un plan sommaire, l'étendue et les
limites du sol contesté, ou la situation de l'objet litigieux et d'en
déterminer la valeur. Si l'estimation de l'expert n'excédait pas
deux cents francs, la compétence du magistrat serait par là même
déterminée. Il procéderait par lui-même, soit à l'appréciation et
à l'application du itre avec l'assistance du même expert ; soit à
l'examen de la prescription, en entendant sur les lieux les témoins
qui pourraient l'éclairer ; soit à la constatation d'un aveu ; soit
enfin, à la réception d'un serment. Il statuerait comme juge en
premier ressort et planterait des bornes, conformément à sa décision ; le plan de l'expert, son rapport estimatif, le procès-verbal
d'enquête, la décision du juge, seraient des documents déjà acquis
au procès, si les parties le soumettaient à un second degré de juridiction. Le droit d'appel leur serait réservé sur tous les points,
même sur celui de l'estimation, que l'expert aurait faite pour déterminer la compétence du juge de paix. Nous sommes ferme-
ment convaincus, que l'on tarirait ainsi le germe d'un grand nombre de petits procès, qui ne peuvent se terminer, aujourd'hui, que

par une procédure coûteuse, qui oblige les plaideurs à dépenser plus que la valeur des choses, objet du débat.

Dans les cas où, après avoir dressé le plan dont nous venons de parler, l'expert fixerait.la valeur du litige à une somme supérieure à deux cents francs ; le juge de paix devrait déclarer son incompétence, s'abstenir d'apprécier le titre, de procéder à l'enquête ; mais la procédure suivie, jusqu'à sa décision, aurait encore l'avantage, de préciser la difficulté et de dispenser, le plus souvent, les tribunaux de première instance d'ordonner un plan et un rapport coûteux.

Nous sommes peu touchés du trouble, purement théorique, que peut présenter à certains esprits, une pareille modification, dans les attributions des juges de paix ; nous ne doutons pas qu'elle ne produisît d'excellents résultats pratiques. Les juges de paix connaissent déjà en premier ressort, dans un grand nombre de cas, des demandes d'une valeur indéterminée, et nous ne voyons pas pourquoi on leur refuserait une compétence limitée, dans une matière où ils peuvent rendre les plus grands services.

Ce serait le moyen de faire cesser l'inconvénient que, dès l'an VII, le ministre François de Neufchâteau signalait au Directoire, en disant, que quelques centimètres de terre, disputés devant les tribunaux, faisaient manger plusieurs hectares.

Messieurs les juges de paix de la Haute-Loire, que nous avons consultés, désirent pour la plupart la réalisation des souhaits que nous venons de formuler, leur expérience les porte à penser que la modification que nous sollicitons, dans notre législation, serait d'une utilité incontestable pour les plaideurs.

CHAPITRE VII

DOMESTIQUES ET OUVRIERS RURAUX

(C. N. Liv. III, Tit. VIII. Ch. III. Sect. 1ʳᵉ.)

§ 1ᵉʳ

Conditions générales

Le Code Napoléon ne contient que des dispositions très-courtes, sur le contrat, par lequel les domestiques et les ouvriers engagent leurs services ; elles sont toutes contenues dans les articles 1780 et 1781 du Code Napoléon.

Nous allons indiquer les usages les plus généraux dans le département de la Haute-Loire, en cette matière.

Ce contrat n'a jamais lieu que verbalement, et l'usage en règle les points qui sont incertains entre les parties.

Le louage des domestiques et des ouvriers est parfait par la seule convention. On ne rencontre, presque nulle part, l'habitude établie dans d'autres pays, de le constater par des arrhes, sous le nom symbolique du *Denier à Dieu*. Cependant on retrouve cette habitude dans le canton de *Pinols*, et elle tend à s'établir dans le canton de *Vorey*, pour les premiers bouviers, depuis que les domestiques ruraux sont devenus plus rares.

Dans tous les cantons de ce département, les domestiques, bouviers et bergers, employés à l'exploitation d'un domaine, doivent être logés et nourris par le propriétaire.

Indépendamment du gage convenu, il est d'usage, dans quelques cantons, de leur donner certaines fournitures ou de leur procurer certains avantages.

Ainsi, dans le canton d'*Allègre*, le maître donne à ses domestiques un chapeau et une paire de sabots.

Dans celui d'*Auzon*, deux aunes de toile, un chapeau, un kilogramme de laine pour les hommes ; deux aunes de toile, une coiffe, un tablier ou un mouchoir, un kilo. de laine pour les filles. On permet encore aux bergers de garder, avec le troupeau de leur maître, une certaine quantité de moutons.

A *Craponne*, une paire de sabots et un demi-kilogramme de laine, ou bien une paire de souliers, un chapeau, une blouse.

A *Fay-le-Froid*, le propriétaire leur abandonne ordinairement une parcelle de terrain pour y cultiver des pommes de terre, dont il leur fournit la semence ; il leur donne aussi un char de fumier et leur permet encore d'*estiver* un ou deux moutons ; quelquefois même une génisse, si le domestique est signalé comme un excellent serviteur.

Les bergères reçoivent en outre, après la vente des moutons, une étrenne, qui est plus ou moins importante, suivant que le troupeau s'est vendu plus ou moins cher ; on leur donne aussi quelques livres de laine.

A *Monistrol* on est dans l'usage de donner aux domestiques une chemise, des sabots, on y ajoute parfois un char de fumier pour faire des pommes de terre et quelques journées d'attelage.

A *Lavoûte-Chilhac*, on permet aux domestiques de nourrir, dans la ferme, un certain nombre de têtes de bétail.

A *Cayres* et à *Loudes* le supplément du gage consiste le plus habituellement, en un tablier de cuir, des sabots, et une somme de 1 ou 2 francs, pour célébrer la fête patronale.

A *Saugues* et *Saint-Didier*, l'étrenne consiste, en une paire de sabots et une chemise, un tablier de cuir pour les hommes, un tablier et une coiffe pour les femmes, mais c'est presque toujours l'objet d'une convention spéciale.

Au *Monastier*, on fournit aux domestiques trois ou quatre paires de sabots, et on les autorise à semer dans les champs de la ferme, et avec le fumier qu'elle produit, 3 ou 4 doubles décalitres de pommes de terre.

A *Tence*, on fournit aux domestiques leurs sabots, un char de fumier pour faire des pommes de terre, deux mètres de toile ou deux livres de laine lavée.

A *Langeac*, les domestiques de ferme reçoivent presque toujours, indépendamment du gage en argent : les bouviers un tablier ; les servantes une coiffe, une chemise et une livre de laine non lavée. Les bergers ont l'autorisation de nourrir à l'étable pendant l'hiver, et dans le troupeau pendant toute l'année, un certain nombre de moutons.

Dans le canton de la *Chaise-Dieu*, il n'est pas d'usage de donner autre chose que le gage convenu.

Nulle part, il n'est d'usage de donner congé aux domestiques; on se contente presque partout, de les prévenir, huit jours avant l'expiration du terme convenu ou fixé par l'habitude de chaque canton.

Dans le canton de *Vorey* il est d'usage, que si le maître à la fin de l'année ne fait pas de nouvelles conventions avec son domestique, il est censé lui donner congé; aucun engagement n'a lieu dans ce canton par tacite réconduction.

§ 2

Durée des services

Le louage des services finit, comme tout contrat de ce genre, par le laps de temps pour lequel il a été contracté; mais il peut arriver qu'aucune durée n'ait été fixée pour l'engagement, ou qu'un domestique, après avoir contracté et accompli un service de plusieurs années, reste chez son maître par tacite réconduction. Le nouveau contrat n'a point alors la durée du premier, et doit être réglé comme si le terme, pour lequel il a eu lieu, n'avait jamais été fixé. Dans l'un et l'autre cas, par application des principes généraux du droit, c'est l'usage des lieux qui doit servir de règle.

Le point de départ ordinaire du louage de services est, aussi, utile à connaître, pour en apprécier la durée; dans le cas, par exemple, où un domestique ne serait entré qu'après l'époque ordinaire et prétendrait ne s'être engagé que pour le temps, qui restait à courir sur la période ordinaire des conventions de ce genre.

Voici les usages sur ce point :

La location des domestiques, attachés à la culture, est, en général, d'une année, dans presque tous les cantons de la Haute-Loire ; cependant, à *Allègre, Loudes, Saint-Julien-Chapteuil,* il est d'usage de louer des domestiques supplémentaires pour sept ou huit mois. A la *Chaise-Dieu,* la location des domestiques attachés à la culture a quelquefois lieu, au mois.

A *Fay*, les domestiques mâles ne louent guère leurs services que pour dix mois, tandis que les femmes s'engagent pour un an.

A *Lavoûte-Chilhac,* les domestiques employés aux travaux de la vigne se louent pour dix mois ; la location a lieu à tant par an.

La durée de la location des bergers varie suivant les localités, et suivant que le propriétaire garde ou non ses moutons pendant l'hiver ; elle est habituellement d'un an dans les cantons d'*Auzon,* de *Cayres, Solignac, Loudes, le Puy, Saint-Paulien, Paulhaguet, Langeac, Blesle, Saugues, Pradelles, Lavoûte.*

De huit à neuf mois dans les cantons de *Saint-Julien-Chapteuil,* d'*Allègre,* de *la Chaise-Dieu,* de *Monistrol.*

Les domestiques entrent, en général, chez leurs maîtres au 25 décembre ; c'est ce qui a lieu dans les cantons d'*Auzon,* de *Solignac,* de *Paulhaguet* ; cependant à *Pradelles* ils entrent également au printemps. Dans le canton du *Monastier,* quelle que soit l'époque de leur entrée, ils sont toujours à fin de terme le 25 novembre.

L'entrée des bergers varie beaucoup ; ainsi, à *Fay*, ils entrent au 25 mars et sortent au 25 décembre ; il est à remarquer que dans ce canton on loue presque toujours des bergères ; elles passent pour savoir mieux engraisser les moutons.

A la *Chaise-Dieu,* la location des bergers commence le 24 avril et finit plus habituellement au 25 décembre.

A *Loudes,* les bergers entrent chez leurs maîtres le 25 décembre et à la foire qui se tient au chef-lieu de ce canton, le lendemain du dimanche de *quasimodo*.

A *Monistrol*, leur location commence à la fin d'avril et finit à la fin de décembre.

A *Tence* et *Yssingeaux*, elle est du 25 mars au 2 novembre.

A *Saugues*, elle prend cours au 30 septembre.

Au *Monastier*, tantôt au 25 décembre, tantôt au printemps; ils sortent toujours à la Noël.

A *Montfaucon*, les bergers entrent chez leurs maîtres en avril ; à *Saint-Didier*, au commencement de mai ; à *Pradelles*, *Pinols*, tantôt au 29 septembre, tantôt au 25 décembre.

La tacite réconduction est peu usitée en matière de louage de domestiques; il intervient presque toujours de nouvelles conventions; cependant on peut citer des cantons où la tacite réconduction se rencontre quelquefois, tels sont : *Allègre*, *Auzon*, *Bas*, *la Chaise-Dieu*, *Fay*, *Monistrol*, *Montfaucon*, *Tence*.

Rien n'est plus fréquent, dans les campagnes, que les contestations sur l'exécution du louage des services, et cependant, aucune disposition n'est encore intervenue, pour réglementer cette matière et amener le maître, le domestique et l'ouvrier à remplir leurs engagements.

On ne saurait sans doute entraver la liberté des uns ou des autres et faire revivre les abus des anciens règlements; mais est-ce une raison, pour ne pas prendre les moyens d'assurer l'exécution de conventions librement consenties ? et, sans favoriser, soit le maître aux dépens de ses serviteurs, soit les serviteurs aux dépens du maître, ne peut-on donner aux uns et aux autres, des garanties positives, en tenant la balance égale entre eux, sans préférence et sans injustice ?

On a senti la nécessité de garantir l'exécution des engagements du travail entre les ouvriers et les patrons, d'assurer le paiement des dettes contractées, dans de certaines limites, par l'ouvrier vis-à-vis du maître de chez qui il sort; depuis les lettres-patentes de 1781, nous trouvons dans nos Codes toute une législation sur les livrets, applicable aux industries de tout genre ; l'agriculture, seule, a été laissée, sur ce point, dans l'oubli le plus complet, quoiqu'elle soit encore la source, la plus précieuse et la plus abondante, de la fortune, de la prospérité et de l'ordre publics, en même temps qu'elle occupe le plus grand nombre de citoyens. Labourage et pâturage, disait un grand économiste du règne de Louis XIV, *sont les deux mamelles de l'Etat.*

Qu'il nous soit donc permis d'émettre le vœu le plus ardent, pour qu'une réglémentation, analogue à celle des livrets des ouvriers, vienne enfin donner à l'industrie agricole les sécurités qui lui manquent; ce serait le plus sûr moyen d'empêcher la désertion des campagnes et d'accroître les produits de la terre. Le maître trouverait dans le livret de ses domestiques ou de ses ouvriers un sûr répondant, où la moralité des uns appellerait la confiance de l'autre, et les serviteurs y puiseraient aussi l'histoire de leur vie industrielle et le témoignage irrécusable de leur fidélité à remplir leurs engagements.

La législation actuelle, sur les livrets, nous paraîtrait facile à modifier sur quelques points, pour en mettre les formes et les dispositions en harmonie avec les besoins, les habitudes et la nature des travaux de ceux auxquels on devrait l'appliquer. Le maire pourrait être chargé de constater les conventions faites entre le maître et le domestique et le livret resterait déposé aux archives de la mairie.

On éviterait par là, l'abus que font, certains propriétaires de mauvaise foi, des dispositions de l'art. 1781 du Code Napoléon. Cet abus se produit malheureusement d'une manière fréquente dans quelques cantons de la Haute-Loire.

Quoi qu'il en soit de ces observations, la sanction des obligations contractées aujourd'hui, dans les campagnes, entre les cultivateurs et leurs domestiques ou leurs ouvriers ne se trouve que dans l'application de la règle du droit commun : que toute obligation de faire se réduit en dommages-intérêts. Cette sanction est souvent illusoire. En attendant la législation que nous sollicitons, voici, autant que nous avons pu l'apprendre, de quelle manière l'usage en a consacré l'application dans nos campagnes :

Il est de règle générale, dans le département de la Haute-Loire, que si un domestique ou bouvier quitte son maître, sans motifs légitimes, avant la fin de l'année ou du temps qui a été convenu, le maître se retient sur son gage, d'abord une somme proportionnelle au temps qui reste à courir, et s'il a éprouvé un préjudice, une somme qui est arbitrée, suivant l'importance de ce préjudice.

C'est presque toujours le Juge de paix qui règle les parties sur ce point.

Bien qu'il soit difficile de préciser, en matière pareille, quelles sont les bases qu'adoptent Messieurs les Juges de paix, il est bon de constater les faits suivants :

Dans le canton d'*Auzon*, si le maître renvoie son domestique sans motif légitime, il doit lui payer tout le gage qu'il a gagné, calculé, à tant par jour, sur l'année, et une quinzaine en sus à titre de dommages-intérêts. Si ce renvoi a lieu, dans les mêmes conditions, un mois ou deux avant l'expiration de l'année de location, le maître est tenu du gage entier.

Si le maître a à se plaindre de son domestique, il est autorisé à faire une retenue proportionnée au préjudice qu'il éprouve.

A *Bas*, la retenue que le maître est autorisé à faire à son domestique, varie entre le gage de quinze jours et celui d'un mois; cette retenue n'est appliquée qu'aux domestiques mâles et non aux femmes.

A *Loudes*, où les domestiques entrent chez leur maître au 25 décembre, l'usage est: que s'ils quittent, sans motifs légitimes, au commencement du printemps, il ne leur est rien dû; parce qu'à cette époque de l'année, non-seulement il est plus difficile de trouver de bons domestiques, mais encore parce que les gages demandés sont supérieurs à ceux que gagnaient, pour toute l'année, ceux qui étaient déjà loués.

A *Saugues*, *Langeac*, *Allègre*, *Pinols*, on pratique un système différent; le maître se fait servir aux dépens de son domestique, pendant le temps qui reste à courir; il ne lui paie, sur le gage de l'année, que ce qui excède la somme qu'il est obligé de débourser pour le remplacer. Il est admis en outre dans le canton de *Saugues*, que si un domestique quitte son maître dans le courant du mois de mars, il ne lui est rien dû pour ses gages ; par le motif que la nourriture d'un domestique pendant l'hiver est une charge, et que la location des services restant à courir, du mois de mars au mois de septembre est plus chère que celle d'une année entière.

A *Solignac* et à *Cayres*, où les domestiques mâles entrent au 25 décembre, il est admis, que s'ils quittent leur maître avant la fin de l'hiver, il ne leur est rien dû sur leurs gages; si la sortie a lieu dans le courant de la belle saison, le maître prend un autre domestique, et celui qui est sorti, est tenu de supporter, sur son gage la différence en plus que peut gagner son remplaçant; ce règlement se fait à la fin de l'engagement.

Il est encore d'usage, à *Solignac* et à *Cayres*, de diviser le gage des domestiques en vingt-unièmes, répartis entre les douze mois de l'année, suivant le tableau ci-après, et de le leur payer conformément à ce tableau.

Janvier.	Février.	Mars.	Avril.	Mai.	Juin.	Juillet.	Août.	Septembre.	Octobre.	Novembre.	Décembre.
$\frac{1}{21}$	$\frac{1}{21}$	$\frac{1}{21}$	$\frac{1}{21}$	$\frac{2}{21}$	$\frac{2}{21}$	$\frac{3}{21}$	$\frac{3}{21}$	$\frac{3}{21}$	$\frac{2}{21}$	$\frac{1}{21}$	$\frac{1}{21}$

Mais cette division ne s'applique ni aux premiers bouviers (connus sous le nom d'*Arribayres*), lorsque le nombre des bêtes à cor_nes ou chevaux dont ils ont soin, s'élève à 30 au moins; ni aux bergers, ni aux garçons meuniers, ni aux *servantes*; leur gage est le même pour tous les mois de l'année.

Dans les deux cantons du *Puy*, le tableau ci-dessus est appliqué aux domestiques attachés à l'agriculture.

Dans le canton de *Vorey* on se sert du même tableau pour payer le gage des domestiques qui quittent leur maître d'un commun accord, ou pour des motifs légitimes.

A *Fay,* l'usage a consacré un tableau analogue, mais il est divisé en dix-huit parties, savoir :

Janvier.	Février.	Mars.	Avril.	Mai.	Juin.	Juillet.	Août.	Septembre.	Octobre.	Novembre.	Décembre.
$\frac{1}{18}$	$\frac{1}{18}$	$\frac{1}{18}$	$\frac{1}{18}$	$\frac{2}{18}$	$\frac{2}{18}$	$\frac{2}{18}$	$\frac{3}{18}$	$\frac{2}{18}$	$\frac{1}{18}$	$\frac{1}{18}$	$\frac{1}{18}$

Dans le canton du *Monastier* la répartition admise dans le canton de *Solignac* est appliquée aux bouviers. Mais le gage des servantes de fermes, est divisé en 18 parties, savoir : une pour chacun des mois de janvier, février, mars, avril, mai, juin, octobre, novembre et décembre ; trois pour chacun des mois de juillet, août et septembre.

§ 5

Gages, salaires

Le gage des domestiqués ruraux est très-difficile à préciser, puisqu'il varie suivant les sujets. Cependant, en laissant de côté les exceptions et en prenant une moyenne, il résulte, de renseignements aussi complets que possible :

Que le gage d'un *bouvier* ordinaire, logé et nourri par le maître, est actuellement de :

90^f à *Saugues.*

95 à *Blesle.*

115 à *Saint-Didier.*

130 à *la Chaise-Dieu, Fay,*

135 à *Langeac.*

150 à *Craponne, le Monastier, Monistrol, Montfaucon, Paulhaguet, Pradelles, Pinols, Solignac.* Dans ce dernier canton un garçon meunier est payé en général à raison de 200 francs par an ; une servante 100 francs.

165 à *Cayres.*

170 à *Bas, Tence, Saint-Julien-Chapteuil.*

5

190 à *Loudes*, *Saint-Paulien*.

200 à *Allègre, Auzon, Lavoûte, Yssingeaux*.

215 à *Vorey*.

240 à *Brioude*.

Dans les deux cantons du *Puy*, la moyenne du gage d'un premier bouvier est de 200 fr. ; celle d'un second de 140 fr., et celle d'un troisième de 90 fr.

Le gage des *bergers* logés et nourris par le maître est ordinairement :

De 20 à 60 francs , pour 7 ou 8 mois de service, dans les cantons de *Tence, Saint-Julien-Chapteuil*, de *Saint-Didier*.

De 30 à 60 francs à *Montfaucon*, pour un an.

De 50 francs à *Saugues*, pour un an, mais ils sont autorisés en outre à avoir, dans le troupeau commun, un certain nombre de moutons, que les propriétaires nourrissent proportionnellement au nombre de nuits pendant lesquelles ils utilisent le troupeau.

De 60 à 70 francs par an à *Cayres*, outre l'*hivernage* de 10 à 12 moutons et l'*estivage* de 20 à 25, suivant l'importance du troupeau.

· De 60 à 80 francs à *Craponne, la Chaise-Dieu, Loudes, Langeac, Paulhaguet*, pour un an.

De 60 à 90 francs à *Allègre, Monistrol*, pour 8 ou 9 mois, du commencement d'avril au vingt-cinq décembre.

De 80 à 100 francs à *Auzon, Bas, Blesle, Lavoûte, le Monastier, Pinols, Vorey*, pour un an.

De 50 à 100 francs à *Pradelles* et de 100 à 120 francs à *Solignac* pour une année, outre la nourriture de 3 ou 4 bêtes à laine pendant l'hiver, pour ces deux cantons.

Les *bergères* touchent en moyenne un gage de 100 francs, par saison, dans le canton de *Fay*. La saison commence le 25 mars et finit le 25 décembre.

Les *vachers* et *vachères*, qui sont presque toujours dans la Haute-Loire âgés de 10 à 15 ans seulement, reçoivent en général un gage de 30 à 60 francs. Ils entrent en général à la fin du mois de mars et sortent le 1er novembre.

Les simples *manouvriers*, les *batteurs*, les *faucheurs* sont, les uns et les autres, nourris d'une manière à peu près générale, dans tous les cantons, par le maître qui les emploie.

Ils font quatre repas en été et trois repas en hiver.

L'heure de ces repas est habituellement : six heures du matin, midi, quatre heures et huit heures du soir en été; huit heures, midi, sept heures du soir en hiver.

Cependant nous croyons devoir constater que ces repas se prennent, en été :

A six heures et onze heures du matin, quatre heures et huit heures du soir; à *Auzon*, *Allègre*, *Bas*, *Crayonne*, *Fay*, *Lavoûte*, le *Monastier*, *Saugues*, *Saint-Paulien*, *Vorey*, ils ont lieu :

A sept heures et neuf heures du matin, midi et trois heures du soir à *Brioude*.

On est dans l'habitude de donner, toute l'année, du vin à tous les ouvriers et à tous les repas, dans le canton de *Brioude;* dans la commune de *Bas*, on leur en donne pendant toute l'année, à deux repas ; à l'époque des fenaisons et des moissons à tous les repas. Dans la partie haute de ce canton on ne donne du vin aux ouvriers qu'au moment de la levée des foins et aux moissons.

Dans les cantons d'*Auzon*, de *Blesle*, on en donne également à tous les ouvriers, mais pendant une partie de l'année seulement, à *Paulhaguet,* ils n'en boivent qu'à un repas. A *Allègre, Cayres, Fay, la Chaise-Dieu, Monistrol, Pradelles, St-Didier, St-Paulien, Solignac, Saugues, Tence,* on ne donne du vin qu'aux faucheurs et aux moissonneurs, et à un seul repas. A *Montfaucon, Saint-Julien, Vorey,* aux moissonneurs seulement.

Dans les cantons de *Lavoûte* et de *Langeac,* on ne donne du vin aux ouvriers que dans les parages où on en récolte; ailleurs, on le remplace par un plat de plus.

A *Craponne, Pinols,* et dans les deux cantons du *Puy,* il est très-rare qu'on donne du vin; cependant on en donne quelquefois aux moissonneurs et aux faucheurs.

Pour tous les ouvriers dont nous venons de parler, qui sont nourris par le maître, il est d'un usage général que la journée commence au point du jour et finit à la nuit; elle est coupée, en été, par un repos d'une heure à midi et par le temps des repas.

Le salaire qu'ils reçoivent varie suivant les saisons et les besoins plus ou moins pressants de l'agriculture; on peut cependant arriver à un des prix moyens suivants, que nous pensons être celui des deux dernières années.

Les simples *ouvriers* ou *journaliers* qui sont nourris par le maître reçoivent un salaire, pendant l'été :

De 0 75 — à *Bas,* à *Cayres.*

0 90 — au *Puy.*

1 » — à *Fay-le-Froid, Solignac, Loudes, Saint-Paulien, Montfaucon, St-Julien-Chapteuil, Langeac, St-Didier, Allègre, Pinols, Vorey, La Chaise-Dieu, Saugues, Pradelles, Lavoûte, Monistrol, Le Monastier, Yssingeaux.*

1 25 — à *Auzon, Paulhaguet, Blesle, Brioude.*

Pendant l'hiver :

De 0 40   —   à *Fay-le-Froid, Cayres.*

0 50   —   au *Puy, Solignac.*

0 60   —   à *Langeac , St-Didier , Allègre , Pinols, La Chaise-Dieu, Pradelles.*

0 75   —   à *Auzon, Bas, St-Paulien, Montfaucon, Paulhaguet, St-Julien-Chapteuil, Blesle, Vorey, Saugues , Brioude, Lavoûte, Monistrol, le Monastier.*

Nous devons mentionner encore que le salaire des journaliers dont nous venons de parler varie également suivant la nature du travail auquel ils sont employés. En voici un exemple saillant : dans le canton de *Fay*, l'ouvrier qui, dans le courant de mai, enterre la semence des pommes de terre avec la pioche est payé à raison de 1 franc par jour, tandis que celui qui la distribue dans les sillons ne reçoit que 50 à 60 centimes ; il en est de même à l'automne, à l'époque de la récolte des pommes de terre, l'ouvrier *piocheur*, qui les extrait du sol est payé 1 franc, celui qui les ramasse ne reçoit que 60 centimes.

Le salaire des *batteurs* est le même que celui des ouvriers.

Les *faucheurs* sont payés, en moyenne :

1 fr. à *Solignac.*

1 fr. 25 cent. à *Bas , Blesle, Cayres, la Chaise-Dieu, Craponne , Monistrol, Montfaucon, Pinols , Pradelles , Saint-Didier, Saint-Paulien, Saugues, Tence, Vorey, Yssingeaux, Saint-Julien-Chapteuil.*

1 fr. 50 cent. à *Allègre, Auzon , Brioude, Langeac, Loudes, le Monastier, Paulhaguet, le Puy.*

2 fr. à *Fay-le-Froid.*

2 fr. à 2 fr. 50 cent. à *Bas.*

Le prix de la journée des *moissonneurs* est, en moyenne, de :

1 fr. 25 cent. à *Craponne, Saugues.*

1 fr. 60 cent. à *Cayres, Lavoûte, Solignac, le Puy.*

1 fr. 75 cent. à *Blesle, Brioude, la Chaise-Dieu, Montfaucon, Pradelles, Saint-Julien-Chapteuil.*

2 fr. à *Fay, Pinols, Vorey.*

2 fr. 10 cent. à *Saint-Paulien.*

2 fr. à 2 fr. 50 cent. à *Auzon, Bas, Loudes, Monistrol, Allègre, Langeac, le Monastier, Paulhaguet, Saint-Didier.*

2 fr. 50 cent. à *Tence, Yssingeaux.*

§ 4

Femmes employées aux travaux des champs

L'emploi plus ou moins complet des femmes aux travaux de la campagne, tient à des causes multiples qu'il serait fort curieux de rechercher : tandis que dans certaines régions, la misère et la privation de toute industrie, les obligent à utiliser leurs forces aux labeurs pénibles, que la nature semble avoir réservés à l'homme seul; dans d'autres contrées, le concours qu'elles prêtent aux travaux des champs, tient plus spécialement, à la nature de ces travaux et aux produits du sol. Nous citerons, comme exemple de cette dernière cause, la culture de la lentille, qui est propre à une partie du département de la Haute-Loire; la récolte minutieuse de cette denrée délicate et facile à extraire du sol peut, jusqu'à un certain point, expliquer qu'on ait eu recours aux mains des femmes.

Mais l'examen de ces questions économiques ne rentre pas dans les limites de ce travail, et nous n'avons qu'à recueillir les faits, en laissant à d'autres le soin de rechercher, quels sont les moyens que l'on pourrait prendre, pour utiliser le travail et les aptitudes de la femme d'une manière plus en harmonie avec ses forces et sa nature, dans les lieux où elle en abuse, et sans nuire aux services précieux qu'elle peut rendre à l'agriculture, dans d'autres régions.

Disons seulement, en passant, que l'industrie de la dentelle, qui est beaucoup plus développée dans certains cantons du département que dans d'autres, explique aussi les différences que nous allons signaler :

Les femmes ne sont jamais employées aux travaux des champs, dans les cantons de *Craponne, Montfaucon, Saint-Didier, Tence, Yssingeaux.*

A *Bas, Fay, Saint-Julien-Chapteuil, le Monastier, Monistrol,* elles ne travaillent que très-exceptionnellement, en cas d'urgence ou de menace d'orage.

A la *Chaise-Dieu,* à *Saugues,* on les emploie aux fenaisons, à planter et à récolter les pommes de terre.

A *Loudes, Saint-Paulien,* dans les deux cantons du *Puy,* à *Vorey,* elles travaillent, d'une manière assez générale, à cueillir les lentilles ; elles aident aussi à la récolte des pommes de terre.

A *Blesle, Cayres, Solignac, Pinols, Lavoûte, Pradelles,* elles sont employées au sarclage des blés, aux fenaisons, à la récolte des pommes de terre, des pois, fèves et autres légumineuses. Il en est de même à *Auzon,* où elles travaillent encore à l'enlèvement des sarments des vignes, à la récolte des chanvres, aux vendanges.

A *Paulhaguet,* à *Brioude,* elles font presque les mêmes travaux que les hommes. Elles sarclent les blés, ratèlent, retournent les foins, moissonnent, battent les blés et ramassent les pommes de terre.

A *Allègre, Langeac*, elles sarclent les blés de mars, préparent les foins, ramassent les pommes de terre.

Quand les femmes sont employées aux travaux des champs, elles sont nourries comme les hommes et reçoivent un salaire moyen :

De 25 cent. à 1 fr. à *Pradelles*.

De 40 cent. à 1 fr. à *Auzon, Bas, Blesle, Lavoûte, Solignac*.

De 50 à 60 cent. à *Allègre, Monistrol, Cayres*,

De 60 cent. à 75 cent. à *Saint-Julien*, à *Paulhaguet.*

De 50 cent. à 1 fr. 50 au *Monastier*.

De 75 cent. à la *Chaise-Dieu, Langeac, Pinols, le Puy*.

De 75 cent. à 1 fr. à *Saint-Paulien, Vorey*.

De 1 fr. à *Loudes*.

De 1 fr. à 2 fr. à *Brioude*, pour moissonner et battre les blés.

Ces indications ne sont que des moyennes; il n'est pas rare, dans quelques cantons, de trouver des femmes qui sont payées comme les hommes.

A *Fay*, les femmes, qui travaillent très-exceptionnellement, ne sont pas payées; on se borne à leur donner un repas meilleur et plus copieux. Cependant, dans les moments très-pressants, on leur *offre* 50 et même 75 centimes, pour représenter la perte qu'elles peuvent faire sur leur *carreau* de dentelles, mais beaucoup n'acceptent pas; le propriétaire pour lequel elles ont travaillé leur fait alors un petit cadeau, proportionné à la somme refusée; c'est en général du lard, de menus objets pour les enfants; et s'il négligeait cette petite marque de reconnaissance que l'usage a consacrée, il n'aurait plus personne l'année suivante, en semblable occasion.

§ 5

Droits de mouture

La mouture des grains constitue un véritable louage de tra-vail, qui est régi par les règles ordinaires de ce contrat, combinées avec les usages locaux.

Il n'est donc pas inutile de connaître ces usages, pour résoudre les difficultés, qui peuvent naître en cette matière. Le rapproche-ment des habitudes de divers cantons de la Haute-Loire, n'est pas non plus sans intérêt pour cela.

Disons d'abord, qu'il est d'un usage général dans ce départe-ment, que les meuniers doivent aller chercher le grain destiné à être moulu, au domicile de ceux qui les emploient ; qu'ils sont chargés aussi d'y rapporter la farine, et qu'à moins de conven-tions contraires, le salaire, que l'usage les autorise à prélever eux-mêmes, comme rémunération de leur travail, comprend ce dou-ble transport.

Le droit de mouture est extrêmement variable, et cela tient à la difficulté des lieux, à la plus ou moins grande abondance des eaux, au rapprochement ou à l'éloignement des usines. Sa moyenne, générale, est de 1/20 des grains convertis en farines.

Voici les détails précis pour chaque canton : en y comprenant les transports que doivent faire les meuniers.

Les meuniers prélèvent régulièrement 1/20 du grain moulu dans les cantons de *Blesle*, de *Langeac*, de *Lavoûte-Chilhac*, de *Paulhaguet*, de *Saint-Paulien*.

Ils retiennent deux kilogrammes de farine, par double décalitre, dans celui d'*Allègre*.

Dans le canton d'*Auzon*, le droit de mouture est de 1/20 du poids des grains pour le froment et le méteil, de 1/15 pour le seigle et l'orge.

Dans celui de *Craponne*, de deux kilogrammes de grains de toute espèce, par double-décalitre.

Dans celui de *Brioude*, le salaire est de 1/20 du grain moulu pour les boulangers, 1/16 pour les particuliers. Les exigences des meuniers sont l'objet, dans ce canton, de nombreuses réclamations de la part des habitants,

Le droit de mouture perçu dans le canton de *Cayres* est de un litre par double décalitre de grain, pour la commune d'*Alleyras*, il s'élève à 1 litre et demi, par double décalitre, dans tout le reste du canton, c'est donc presque 1/13.

Dans le canton de *Bas*, les meuniers perçoivent quelquefoi jusqu'à 1/10 des grains qu'on leur donne à moudre.

La retenue faite par les meuniers dans les cantons de *Fay*, est de un litre par double-décalitre de grain, lorsqu'ils vont le chercher et rapportent la farine au domicile de leurs pratiques; dans le cas contraire il n'est que d'un demi-litre.

Dans le canton du *Monastier*, ils retiennent 1/15 du poids de grains.

Dans celui de *Monistrol*, le droit de Mouture est d'un kilogramme de grain par 27 litres. Dans celui de *Montfaucon*, de 1 kilogramme de farine par 25 litres de rendement.

A *Pinols*, les meuniers prélèvent un demi-kilogramme de grain par double-décalitre.

Cantons du *Puy* : Dans la commune de *Vals*, le droit de mouture est de 1 litre par double-décalitre de grain.

Dans les autres communes de ces deux cantons, les meuniers prélèvent un litre et demi par double-décalitre de grain, si le transport est à leur charge, dansle cas contraire, ils ne prélèvent qu'un litre.

A *Saint-Didier*, les meuniers perçoivent uniformément 1/25 de farine pour leur salaire, ils sont chrgés des transports.

Dans le canton de *Saugues*, le droit de mouture varie de 1 kilogramme et demi à 2 kilogrammes par double-décalitre de grain, suivant que le domicile des propriétaires est plus ou moins éloigné du moulin. Dans celui de *Pradelles*, il est uniformément de un kilogramme.

Dans le canton de *Saint-Julien-Chapteuil*, le droit de mouture est de 1 litre 5 décilitres par double-décalitre de toute espèce de grains.

Dans celui de *Solignac*, le salaire des meuniers est fixé à 1 litre de grain par double-décalitre, pour les habitants du village ou est situé le moulin ou pour ceux qui l'avoisinent. — A 1 litre 50 centilitres, pour ceux qui habitent dans la commune. — A 2 litres pour ceux qui résident hors de la circonscription.

Dans le canton de *Loudes* et *Tence*, les meuniers perçoivent 1 litre et demi de grain par double-décalitre ; leur salaire se réduit à 1 litre, s'ils ne sont pas chargés du transport.

Les meuniers sont dans l'usage, dans le canton de *Vorey*, de prélever, pour droit de mouture, 1/20 des grains, destinés à être moulus; quelquefois, ils prélèvent, en outre, 1/40, s'ils vont chercher le grain et s'ils rapportent la farine dans un lieu très-éloigné.

Quand ils brûlent la farine, ils se retiennent encore 1/20 sur le son.

Nous n'avons pas pu nous procurer des renseignements pour le canton de la *Chaise-Dieu* et d'*Yssingeaux*.

———————

CHAPITRE VIII

PARCOURS. — VAINE PATURE.

D'après la loi du 6 octobre 1791, qui nous régit encore, le parcours et la vaine pâture ne peuvent existeur, que dans les lieux où ils sont fondés sur un titre ou autorisés par les coutumes.

Etablies dans le but d'utiliser, au profit de plusieurs communes, ou d'une communauté d'habitants, les produits d'un sol inculte ou dépouillé de sa récolte, qui peuvent être abandonnés aux bestiaux, sans aucun préjudice appréciable, pour les propriétaires des terres sur lesquelles elles s'exercent, ces servitudes réciproques tendent à disparaître, avec les progrès de l'agriculture. Chaque jour, en effet, la surface improductive du sol diminue, et nous voyons s'accroître les produits d'une même terre, par la variété intelligente des assolements ; aussi, a-t-il été souvent question de prononcer l'abolition du parcours et de la vaine pâture. La loi de 1791 ne les avait maintenues que provisoirement.

On a objecté que leur suppression rendrait l'élevage des bestiaux et surtout des moutons plus difficile , que leur nombre pourrait en être diminué, que le prix des laines et celui des viandes augmenteraient; mais, ces raisons ne sont que spécieuses. Les conventions libres, qui interviendront entre les propriétaires limitrophes, pour le plus grand avantage de leurs exploitations, les associations qu'ils formeront, avec intelligence, pour la garde et la dépaissance de leurs troupeaux, produiront, incontestablement, de meilleurs résultats que la tyrannie d'un usage qui suppose une communauté tacite de pâturage. Cet usage est une entrave gênante pour la propriété, il perpétue un état de choses inconciliable avec la libre disposition que chacun a de sa fortune et avec les idées de notre époque.

D'ailleurs, dans une culture progressive, on peut admettre désormais, que les troupeaux ne peuvent plus exister, qu'à la condition qu'il leur soit livré des fourrages ensemencés tout exprès pour les nourrir. Les départements qui ont le plus de bêtes à laine sont, aujourd'hui, ceux où la vaine pâture et les jachères ont à peu près disparu.

La plupart de MM. les Juges de paix que nous avons consultés, se faisant, en cela, l'écho des populations de notre département, considèrent l'abolition du parcours et de la vaine pâture comme un bienfait pour l'agriculture; les uns nous l'ont signalée comme une gêne pour les assolements, d'autres comme une cause de dégâts causés aux récoltes, et presque tous comme une source intarissable de procès.

Le parcours (de commune à commune) n'existe aujourd'hui dans aucun des cantons de la Haute-Loire.

Quant à la vaine pâture, en attendant qu'un nouveau Code rural en fasse disparaître les derniers vestiges, nous allons recueillir pour chaque canton, les usages qui s'en rapprochent ; car nulle part, elle ne s'est maintenue avec sa rigueur ; on verra que presque partout, cette servitude gênante est à peine réglémentée; les modifications que le temps y a apportées et qui en changent complètement le caractère, font sentir le besoin de la voir abroger.

Allègre. — On rencontre encore les vestiges de la vaine pâture dans ce canton ; mais elle ne s'exerce que par section de commune et pour les moutons seulement. Cet usage tend tous les jours à disparaître ; dès qu'un propriétaire est assez riche pour avoir un troupeau séparé, il s'empresse de prendre un berger à lui seul et de faire garder son troupeau chez lui; il n'y a que les petits propriétaires qui se réunissent, pour avoir un troupeau et un pâtre commun.

Le nombre des bêtes qu'ils peuvent mettre dans ce troupeau n'est déterminé par aucun règlement local ; il n'est pas non plus basé sur l'étendue des terrains, soumis à la vaine pâture, qu'ils possèdent les uns ou les autres ; chacun peut envoyer autant de bêtes qu'il le juge convenable, mais il doit nourrir et payer le berger, proportionnellement au nombre qu'il y envoie.

Le troupeau commun couche sur les terres de chaque habitant, pendant un nombre de nuits, proportionné au nombre des moutons qu'il a dans le troupeau.

Ce pâturage en commun s'exerce sur les champs, dépouillés de leurs récoltes, et sur les prairies, après la seconde herbe.

La présence de plusieurs troupeaux réunis a toujours été tolérée.

Auzon. — Dans ce canton, la dépaissance, en commun, n'existe que dans un très-petit nombre de sections, et encore n'a-t-elle lieu que sur les champs dépouillés de récolte et pour les moutons seulement.

Elle s'exerce au moyen d'un pâtre et d'un troupeau commun, mais le plus souvent, par troupeaux séparés, fournis par plusieurst particuliers réunis. Le nombre des moutons que chaque habitant peut envoyer à ce troupeau, est fixé, dans quelques sections, à trois ou quatre, par hectare de terre labourables, qu'il livre à la vaine pâture. Les dispositions de la loi de 1791 qui, dans les pays où la vaine pâture est reconnue, permettent à tous les chefs de famille domiciliés, qui ne possèdent ou n'exploitent aucuns terrains sujets à cette servitude, de faire conduire au troupeau commun, six bêtes à laine, une vache et son veau, n'y sont observées que dans quelques sections.

Le gage du berger, sa nourriture, les nuitées du troupeau, sont divisés entre les propriétaires, en proportion du nombre de moutons qu'ils ont dans le troupeau commun.

Il n'existe aucun règlement municipal sur cette matière, et le pâtre commun, quand il y en a, est choisi par les habitants.

Bas. — Le pâturage en commun est encore en usage dans ce canton, mais il ne s'exerce que dans un très-petit nombre de localités. Il a lieu sur les champs dépouillés de leurs récoltes et sur les prairies après la seconde herbe; dans certains villages, il existe un troupeau commun; dans d'autres, les propriétaires font pacager leurs troupeaux séparément.

Quand il y a un berger commun, il est nourri et payé par les propriétaires, en proportion des bêtes qu'ils ont dans le troupeau.

Ce nombre est entièrement facultatif pour chacun d'eux et n'est pas réglémenté ; les nuits sont divisées, proportionnellement aux têtes possédées par chaque habitant.

Il n'existe dans ce canton aucun arrêté du Conseil municipal, fixant le nombre ni l'espèce d'animaux que chacun peut envoyer à la vaine pâture. Les vaches et bœufs, les cochons et les chèvres y sont indistinctement admis. Le pâtre commun, dans les villages où il en existe, n'est pas désigné par le maire.

Blesle. — La dépaissance en commun se rencontre encore dans ce canton; elle s'y exerce sur les terres, dépouillées de leurs récoltes, sur les jachères et sur les prairies après la seconde herbe, par un troupeau commun à chaque village, dans lequel les habitants sont admis à envoyer un nombre de bêtes proportionné à l'étendue des terres qu'ils possèdent.

Le berger est choisi par les propriétaires intéressés, payé et nourri par chacun d'eux, en proportion des bêtes qu'il possède; les nuits sont divisées, d'après les mêmes bases. Mais quoiqu'il y ait un troupeau commun, contrairement aux principes qui régissaient la vaine pâture, les habitants sont libres de s'associer, pour former des troupeaux particuliers, qu'ils font garder séparément.

Quelques règlements qui existaient dans certaines communes de ce canton y sont tombés en désuétude.

Brioude. — Les anciens règlements, sur la vaine pâture, se sont conservés à peu près dans toute leur rigueur, dans les communes du canton de Brioude les plus éloignées du chef lieu. Cette servitude s'y exerce uniquement sur les terres labourables, dépouillées de leurs récoltes ; dans plusieurs communes elle est réglémentée.

6

Ces règlements prescrivent l'emploi d'un pâtre commun, payé et nourri, en proportion du nombre de bêtes que chaque propriétaire envoie au troupeau ; ce nombre est déterminé par l'étendue du terrain possédé par chacun d'eux, trois bêtes à laine par hectare.

Les habitants domiciliés qui ne sont pas propriétaires, ne sont pas admis à profiter de la vaine pâture.

Il est très-rare que l'on tolère, à côté du troupeau commun, un troupeau formé par plusieurs particuliers réunis.

Les nuits du troupeau sont divisées, d'une manière proportionnelle aux bestiaux que chacun y envoie.

Mais dans les communes de Brioude et celles qui l'avoisinent, presque tous les propriétaires ont un troupeau et un berger particuliers. Les règlements municipaux fixent, d'après les bases que nous venons d'indiquer, le nombre de bêtes que chaque propriétaire peut faire pacager, sur les terres de ses voisins, lorsqu'elles sont dépouillées de leurs récoltes. Le pacage ne s'exerce, dans ce cas, que sur le territoire de la commune où est située l'exploitation. Il a lieu, depuis la levée de la récolte, jusqu'à la plus prochaine culture.

Cayres. — Dans ce canton, les hameaux ou sections de commune ont, en général, un troupeau commun, qu'ils font pacager, tant sur les terres dépouillées de leurs récoltes et sur les jachères qui leur appartiennent, que sur celles appartenant aux hameaux ou sections de commune qui les avoisinent. Le pacage est également permis sur les prairies, mais pendant l'hiver seulement et jusqu'au 25 mars.

Chaque propriétaire peut envoyer dans ce troupeau, un nombre de bêtes proportionné à l'étendue du terrain qu'il possède; il concourt au paiement et à la nourriture du berger, il profite des nuits du troupeau, suivant le nombre de bêtes qu'il y a envoyées; mais celui qui ne possède pas de terrains soumis au pâturage ne peut y faire pacager des bestiaux, et malgré l'existence du troupeau commun, on tolère partout, dans ce canton, les troupeaux de plusieurs particuliers réunis.

Dans la commune du *Bouchet-Saint-Nicolas*, il existe un règlement, qui fixe le nombre des moutons que tout chef de famille domicilié peut envoyer au pacage, d'abord à six têtes pour les droits sur les communaux, puis à une tête par chaque somme de deux francs d'impôt foncier.

Craponne. — Chacun peut, à son gré et sans aucune réglementation, faire pacager séparément ou en se réunissant à son voisin, les moutons qu'il juge convenable, sur les champs dépouillés de leurs récoltes, sur les jachères, sur les prairies, depuis le deux novembre jusqu'au printemps,

Il n'existe nulle part de troupeau commun.

La Chaise-Dieu. — Comme dans le canton de Brioude, la vaine pâture est encore en usage dans quelques communes, et elle s'y exerce sur les champs dépouillés de leurs récoltes, sur les jachères et sur les prairies, après le 2 novembre, jusqu'au printemps; mais elle n'est réglémentée nulle part.

Les habitants ont un troupeau commun, où chacun peut envoyer un nombre de moutons proportionné à celui qu'il peut nourrir, pendant l'hiver, avec ses propres fourrages.

Le berger est payé et nourri, les nuitées sont partagées dans la même proportion.

On ne tolère pas, à côté du troupeau commun, un troupeau formé par des propriétaires réunis.

Fay-le-Froid. — On ne connaît pas la vaine pâture dans le canton de Fay; cela tient au grand nombre et à la grande étendue des communaux.

Langeac. — La vaine pâture s'exerce dans ce canton, par *Mas* et *tènements*, suivant l'ancienne coutume d'Auvergne; elle a lieu sur les terres dépouillées de leurs récoltes, sur les jachères et dans les prairies, du premier décembre au 25 mars.

Ordinairement, il existe un troupeau commun, où chaque propriétaire peut envoyer un nombre de bêtes, proportionné à l'étendue du terrain qu'il possède dans le tènement; les nuits du troupeau, la nourriture et le gage du berger sont divisés d'après les mêmes bases.

Le pâtre commun n'est jamais désigné par le maire, il l'est toujours par les habitants.

En général, on ne tolère pas un troupeau formé par plusieurs propriétaires réunis.

Les habitants domiciliés, qui ne sont pas propriétaires, sont admis à envoyer six bêtes à laine au troupeau commun.

Dans quelques communes et sections de commune de ce canton, il existe des règlements qui fixent le nombre des bêtes à laine que chaque habitant peut envoyer au pacage.

Les vaches, les bœufs, les cochons n'y sont pas admis.

Dans quelques sections on y tolère les chèvres.

Lavoûte-Chilhac. — La vaine pâture est en usage dans le canton de Lavoûte-Chilhac; mais elle tend à disparaître chaque jour.

Elle s'exerce, en tout temps, sur les terres vaines et dans les bois défensables; sur les champs, deux jours après l'enlèvement de la récolte; et dans les prés, du premier novembre au vingt-cinq mars. Chaque section a son troupeau et ne permet pas à celui de la section voisine de pacager sur son terrain.

Dans certaines sections, chacun envoie au troupeau commun le nombre de moutons qu'il peut acheter ; dans d'autres, il existe un règlement conforme à la loi de 1791.

Le berger est payé à raison de cinq centimes par mouton, dans les lieux où il ne parque pas au dehors ; dans ceux où il parque dans les champs, il l'est en proportion des nuits que chaque propriétaire en retire ; il est nourri dans les mêmes proportions.

Les nuits du troupeau sont divisées d'après l'étendue des terres que les propriétaires livrent à la vaine pâture.

Contrairement aux règles sur la vaine pâture, l'usage tolère, à côté du troupeau commun, celui de plusieurs propriétaires réunis; mais ils ne peuvent faire garder un plus grand nombre de bêtes que le règlement ne leur en attribue, à moins qu'ils ne fassent garder exclusivement chez eux.

Les dispositions de l'art. 14 de la section IV de la loi du 6 octobre 1791 sont appliquées, dans ce canton, aux chefs de famille domiciliés, qui ne sont ni propriétaires ni fermiers de terrains sujets à la vaine pâture et aux indigents.

Loudes.—Un usage constant à consacré le pâturage en commun, dans ce canton. Il s'exerce sur les champs dépouillés de leurs récoltes sur les terres vaines et dans les prairies, à partir du premier novembre jusqu'au 25 mars ;il n'a jamais lieu dans les bois.

Il existe pour chaque village ou pour chaque section un troupeau commun, dans lequel, tout propriétaire peut, en général, mettre, à sa volonté, le nombre de bêtes qu'il juge convenable ; cependant, dans certaines communes de ce canton, il existe des arrêtés municipaux fixant le nombre de bêtes que chaque habitant peut envoyer au pacage. Ce nombre est, en général, de trois têtes par hectare.

Les nuits du parc sont partagées proportionnellement au nombre de bêtes fournies par chaque propriétaire.

Le gage et la nourriture du berger sont payés et fournis d'après la même base, il est toujours choisi par les principaux propriétaires.

Le pacage commence au 1er novembre et finit le 10 mars. Les vaches, bœufs, chèvres et cochons y sont admis.

Il est d'usage de tolérer, dans le même village, deux ou trois troupeaux appartenant à des propriétaires réunis.

Le Monastier. — La vaine pâture y est généralement admise, mais elle s'exerce sans réglémentation, sur les terres vaines, les champs dépouillés de leurs récoltes, les jachères et les prés, après la seconde herbe.

Il n'existe qu'un troupeau commun ; on ne tolère pas celui qui serait fourni par plusieurs propriétaires réunis ; mais chacun peut, en revanche, envoyer au troupeau le nombre de moutons et les chèvres qu'il lui plaît, les vaches et les bœufs ne peuvent pas profiter de la vaine pâture.

Le gage du berger est payé par chaque propriétaire, à raison du nombre de moutons qu'il a dans le parc ; ce berger est nourri à tour de rôle par chaque habitant et désigné par deux ou trois notables de la localité.

Les bestiaux ne couchent pas au parc.

Monistrol. — Dans ce canton, le pâturage en commun ne s'exerce que sur les communaux.

Montfaucon. — Il en est de même à Montfaucon.

Paulhaguet. — La vaine pâture est en usage dans ce canton ; mais elle ne s'exerce que sur les jachères et sur les champs, trois jours après la levée de la récolte. Chaque section ou chaque village a son troupeau, dans lequel les propriétaires peuvent envoyer un nombre de bêtes proportionné à l'étendue des jachères et des champs qu'ils livrent à la vaine pâture.

Le gage du berger et les nuits du parc sont répartis en proportion du nombre de bêtes que chacun a dans le troupeau.

Le berger est nourri par celui qui doit profiter de la nuit du parc.

On ne tolère pas de troupeau fourni par divers particuliers.

S'il a existé, dans ce canton, d'anciens règlements sur la vaine pâture, il est certain qu'ils sont aujourd'hui tombés en désuétude.

Pinols. —Le pâturage en commun est en usage dans ce canton; il s'exerce sur toutes les terres dépouillées de leurs récoltes, sur les jachères et même sur les prairies, pendant la morte-saison. Mais à côté du troupeau commun, que l'on forme généralement dans chaque village ou dans chaque section, on tolère aussi des troupeaux séparés et formés par la réunion de plusieurs propriétaires, ces troupeaux qui pacagent ensemble ou séparément ; la seule règle que l'on observe consiste à maintenir une proportion entre le nombre de bestiaux de chaque habitant et l'étendue des terrains qu'il livre au pâturage.

Les nuits du parc du troupeau commun sont divisées proportionnellement à l'étendue du terrain que possède chaque habitant ; le gage et la nourriture du berger sont divisés proportionnellement au nombre de ces nuits.

Les habitants domiciliés qui ne sont pas propriétaires peuvent faire garder par le berger commun leurs bêtes à laine, moyennant une rétribution de 15 cent. par bête, qui viennent en diminution du gage du berger.

Il existe, dans ce canton, quelques règlements rendus par les conseils municipaux qui le décident ainsi.

Ces règlements ne fixent pas le temps pendant lequel s'exerce le pâturage, mais l'usage le consacre pour les prairies, du 1er novembre au 25 mars, et pendant toute l'année sur les terres vaines et les jachères.

Ce sont les habitants eux-mêmes qui choisissent le berger commun.

Les vaches, les bœufs et les moutons sont admis à la dépaissance commune, les chèvres et les cochons en sont exclus.

Pradelles. — La vaine pâture s'exerce, dans ce canton, sur les terres vaines et les jachères pendant l'été, et pendant l'hiver, sur les champs dépouillés de leurs récoltes, et sur les prairies.

Chaque habitant met au troupeau un nombre de bêtes proportionné à l'étendue des terres qu'il possède. Il profite des nuits dans la même proportion ; on ne tolère pas les troupeaux formés par plusieurs habitants.

Il existe, dans ce canton, quelques règlements municipaux qui, pour certaines sections, déterminent le nombre de bêtes que chaque habitant peut envoyer au pâturage.

Le Puy. — L'usage a consacré la vaine pâture dans les deux cantons du Puy; chaque village a un troupeau de moutons sous la garde d'un berger commun; il peut pacager sur les champs dépouillés de leurs récoltes et même, pendant la morte-saison, sur les prairies appartenant à tous les habitants. Les vaches et les bœufs, les chèvres et les cochons n'y sont pas admis.

Chaque propriétaire peut envoyer au troupeau, un nombre de bêtes qui est en général proportionné à l'étendue des terres qu'il livre au pacage, mais qui n'est cependant déterminé par aucun règlement municipal. Les pauvres peuvent y en envoyer un certain nombre et sans concourir au paiement du berger.

Le gage du berger, les nuits du troupeau sont divisés entre les habitants, autres que les pauvres, en proportion des têtes de moutons qu'ils ont dans le troupeau. Ce berger est choisi par les propriétaires du troupeau.

Il est interdit d'avoir un troupeau fourni par plusieurs propriétaires.

Saugues. — Le pâturage en commun y est en usage sur les guérets, les jachères, les terres vaines et vagues, les champs dépouillés de leurs récoltes, et, pendant l'hiver, sur les prairies; il s'exerce à l'aide d'un troupeau dans lequel chaque habitant peut envoyer un nombre illimité de moutons. Il est interdit en tout temps dans les bois.

Quoiqu'il n'existe pas de règlements municipaux sur cette matière, l'usage n'autorise le pacage des chèvres et des cochons que dans certains cantonnements, — mais les vaches et les bœufs peuvent pacager. partout comme les moutons.

Le berger est payé, par chaque habitant, en proportion du terrain qu'il livre au pacage ; c'est dans la même proportion que se divisent les nuits du troupeau; celui qui doit profiter de la fumure de la nuit est obligé de nourrir le berger.

L'usage permet, dans ce canton, à plusieurs propriétaires de s'associer pour faire garder séparément leurs troupeaux réunis; mais leurs terres dépouillées de leurs récoltes, champs, guérets, vaines et vagues, n'en sont pas moins pacagées en commun et ne peuvent échapper à la dépaissance des troupeaux de toute la section.

Saint-Didier. — On ne connaît pas la vaine pâture dans ce canton ; les propriétaires sont dans l'usage de s'associer, pour faire garder leurs moutons dans leurs prairies communes, depuis la fin d'octobre jusqu'au mois de mars. Pour cela ils forment un troupeau commun, dans lequel ils peuvent mettre un nombre de moutons indéterminé; mais qui est, en général, proportionné à l'étendue des prairies qu'ils possèdent ; le berger est payé à raison de cinquante centimes par tête de bétail, il se nourrit lui-même et les moutons passent la nuit chez leurs propriétaires.

Saint-Julien-Chapteuil. — La vaine pâture n'est pas connue dans ce canton ; chaque propriétaire a son troupeau et le fait garder sur ses terres.

Saint-Paulien. — L'usage, dans ce canton, autorise tous les propriétaires à faire pacager leurs troupeaux sur les terres, les uns des autres, mais seulement lorsqu'elles sont en jachères ; cet usage s'exerce par un troupeau séparé, que chacun peut composer d'autant de têtes qu'il le juge convenable. Il est interdit de mener paître sur les prairies, même en hiver.

Aucun règlement n'existe sur cette matière dans ce canton; mais comme le pacage ne s'exerce que sur les jachères, il est permis même aux chèvres et aux cochons.

Le pâtre est désigné par les propriétaires, le maire n'intervient jamais pour cela.

Solignac. — La vaine pâture est en usage dans ce canton ; elle s'exerce sur les terres complètement dépouillées de leurs fruits et sur les jachères ; elle n'a jamais lieu sur les prairies.

Les chèvres et les cochons n'y sont pas admis.

Cette servitude s'exerce à l'aide d'un pâtre commun ; chaque propriétaire peut envoyer au troupeau un nombre de bêtes proportionné à l'étendue de son domaine ou à la quotité de ses impôts. Dans quelques sections le berger commun ne peut pas faire pacager dans les terres des propriétaires qui n'ont pas mis des bêtes à laine au troupeau.

Le pâtre commun est nourri, à tour de rôle, par chaque propriétaire ; il est payé proportionnellement au nombre de bêtes, et choisi par les plus imposés.

On ne permet pas à plusieurs propriétaires de se réunir pour faire garder séparément leurs bestiaux.

Tence. — *Yssingeaux.* On ne connaît pas la vaine pâture dans ces cantons.

Vorey. — La vaine pâture s'exerce généralement dans le canton de Vorey, par sections et à l'aide d'un pâtre commun ; il n'existe pas de règle pour déterminer le nombre de moutons que chacun peut mettre dans le troupeau ; le pacage a lieu en tout temps sur les jachères et sur les terres dépouillées de leurs récoltes ; il est autorisé pour les bœufs, les vaches, les moutons, les chèvres, les cochons.

Le berger qui est choisi par les propriétaires eux-mêmes, est payé et nourri par chacun proportionnellement à ce nombre ; on ne tolère pas de troupeaux formés par plusieurs propriétaires réunis.

CHAPITRE IX

DES BAUX A FERME ET A LOYER

§ 1er

Le louage des choses est un contrat dans lequel la convention
fait la loi des parties.

Il cesse donc de plein droit, lorsque la durée pour laquelle il a
été consenti est expirée.

Dans certains cas où cette durée n'a été fixée que d'une manière
imparfaite, la loi a cru devoir la déterminer elle-même, en inter-
prétant l'intention des parties.

C'est ainsi qu'elle présume, que le bail d'un appartement meublé
est fait à l'année quand il est fait à tant par an ; au mois, quand il
est fait à tant par mois ; au jour, s'il a été fait à tant par jour.

C'est ainsi qu'elle déclare, que le bail d'un fonds rural, dont les
parties n'ont pas fixé la durée, est fait pour le temps qui est
nécessaire pour que le preneur recueille tous les fruits de l'héri-

tage affermé; pour un an, s'il s'agit d'un pré, d'une vigne ou de tout autre fonds dont les fruits se recueillent dans le cours d'une année; pour autant d'années qu'il y a de soles, si les terres sont divisées par assolements.

Mais, il arrive fréquemment que la durée d'un bail n'a pas été déterminée par la convention, que le prix n'est pas fixé à tant par an, par mois et par jour, ou qu'à l'époque à laquelle il a pris fin, le locataire est resté et a été laissé en possession. Or, comme il est impossible de supposer, que le bailleur a entendu se priver, pour toujours, de la jouissance de sa chose, et que le preneur a voulu s'engager à en jouir à perpétuité, il faut admettre, qu'ils se sont réservé, l'un et l'autre, le droit de mettre un terme à leur convention et de manifester leur intention, sur ce point, d'une manière qui soit obligatoire pour tous deux.

Le moyen que la loi a consacré pour atteindre ce résultat, est de donner congé par un avertissement, dont le bailleur et le preneur peuvent faire usage, sans le consentement et même contre le gré de l'autre.

On commet assez généralement une erreur, en croyant qu'il est nécessaire de donner congé pour mettre fin à tous les baux dont la durée n'a pas été fixée; il nous paraît utile de la rectifier.

Les baux des biens ruraux, des biens qui fournissent à l'homme les produits de la terre, ceux mêmes qui comprennent une ferme ou une maison qui n'est que l'accessoire des champs qui l'entourent, alors même qu'ils ont été faits sans fixation de durée, ou qu'ils se sont renouvelés par le consentement commun du preneur et du bailleur, finissent de plein droit, à chaque période, qui a permis au preneur de recueillir tous les fruits de l'héritage affermé. Il n'est pas nécessaire de donner congé ; le bailleur et le preneur sont mutuellement dégagés de leurs engagements à la fin de chaque période.

Pour des baux de ce genre, nous ne verrions d'utilité à un congé, ou pour parler plus exactement, à un avertissement, que dans le cas très-rare, où le bail, remontant à des temps très-reculés et comprenant des héritages soumis à plusieurs assolements, il y aurait de l'incertitude pour déterminer l'époque à laquelle il a pris naissance. Dans cette situation, il nous paraîtrait à propos que la partie qui veut rompre le bail, manifestât son intention par un avertissement, qui devrait laisser, entre le jour où il serait donné et celui de l'expiration du bail, le temps nécessaire pour recueillir tous les produits des héritages.

Nous n'aurons donc à nous occuper, au point de vue des congés proprement dits, qui ont pour objet de faire cesser le bail, que de ceux qui se réfèrent aux locations urbaines, c'est-à-dire des baux à loyer des maisons, appartements ou locations analogues.

Quoiqu'il n'entre pas dans le cadre de ce travail, de faire une étude de droit, nous ne croyons pas hors de propos de consigner ici un point de jurisprudence constante, pour éclairer les personnes qui auront à appliquer les usages que nous allons recueillir.

Les articles 1736 et 1737 du Code Napoléon, pris à la lettre, et sans les rapprocher d'autres dispositions de la loi, porteraient à penser, que la nécessité où sont le preneur et le bailleur de se donner un congé, dépend de la distinction que le législateur a faite entre les baux faits par *écrit* et ceux faits *sans écrit* ; qu'à l'égard des premiers le congé est inutile, tandis qu'il est obligatoire pour les seconds. Ce serait là commettre une erreur ; il est unanimement reconnu aujourd'hui que la loi s'est servie d'expressions qui manquent d'exactitude ; qu'au point de vue du congé, il est sans importance que le bail soit écrit ou ne le soit pas ; qu'il faut uniquement rechercher si la durée du bail a été ou non déterminée. Ecrit ou non écrit, le bail cesse de plein droit et sans qu'il soit besoin de donner congé, lorsque le temps pour lequel il avait été fait est expiré ; tandis que s'il n'a rien été convenu sur la durée du bail, l'une des parties est tenue de donner congé à l'autre pour qu'il prenne fin.

Comme il serait contraire à la justice que le locataire qui n'a pas prévu la fin du bail fût obligé de quitter brusquement les lieux qu'il a loués ; que ce serait nuire également au propriétaire s'il les abandonnait à l'improviste ; la loi, suivant en cela les habitudes générales de nos provinces, a exigé qu'il s'écoulât un certain délai entre l'époque à laquelle chaque partie manifeste l'intention de résilier le bail et celle où il devra finir.

Ce sont les usages qui fixent ces délais. Mais le vœu de la loi ne serait pas rempli si celui qui donne congé se bornait à laisser un délai, conforme à l'usage des lieux, entre le jour de l'avertissement et l'époque où il voudrait faire cesser le bail ; il faut encore que ce délai se soit accompli à partir du jour où commence le terme. Cette remarque était nécessaire pour le combiner avec les délais d'usage que nous recueillons ci-après :

§ 2

Congés

Le délai d'usage, pour les congés, est, dans les deux cantons du *Puy*, de trois mois, pour les locations qui n'excèdent pas 400 fr. ;

de six mois pour celles qui sont supérieures. Pour les chambres en garni, le congé doit être donné un mois à l'avance, c'est-à-dire dans le mois courant, pour la fin du mois suivant.

Dans les cantons d'*Allègre*, d'*Auzon*, de *Bas*, de *Blesle*, de *Brioude*, de *Cayres*, de *la Chaise-Dieu*, de *Fay*, de *Langeac*, de *Lavoûte*, du *Monastier*, de *Montfaucon*, de *Pinols*, de *Pradelles*, de *Saugues*, de *Saint-Didier*, de *Saint-Paulien*, de *Saint-Julien*, de *Tence*, de *Vorey*, le délai d'usage pour les congés, est constamment le même ; il est de trois mois, quelle que soit la location.

Dans le canton d'*Yssingeaux*, le délai du congé est de six mois pour une maison entière ou pour un rez-de-chaussée ; de trois mois seulement pour toutes les autres locations.

Dans celui de *Craponne*, le délai général des congés est de trois mois, excepté pour les auberges, hôtels, et débits de boissons pour lesquels il est de six mois.

Tous les congés ne peuvent être donnés à un délai moindre de six mois dans le canton de *Monistrol*.

Dans le canton de *Loudes*, le délai des congés, est de trois mois, s'il s'agit d'une maison, de six semaines pour un appartement.

Dans celui de *Paulhaguet*, le congé est de trois mois pour les locations d'un an, de quinze jours pour les locations au mois.

§ 5

Présomptions de durée des locations urbaines, tirées de la nature de la location

La durée d'une location urbaine est presque toujours déterminée par la convention, puisqu'on ne comprend guère ce genre de

7

Bail qu'à tant par an, par mois ou par jour ; cependant, comme il n'est pas impossible qu'il y ait de l'incertitude sur ce point, il est utile de rechercher quelle est la durée habituelle des locations urbaines dans la Haute-Loire, et quelle serait, par conséquent, celle d'un bail où elle ne serait pas précisée.

Le bail d'une maison entière est censé fait pour un an, dans les cantons d'*Allègre,* d'*Auzon,* de *Bas,* de *Brioude,* de *Craponne,* de *la Chaise-Dieu,* de *Fay,* de *Loudes,* du *Monastier,* de*Monistrol,* de *Saint-Didier,* de *Saint-Paulien,* de *Solignac.*

On présume que le bail d'une partie de maison, d'un appartement, est fait pour un an, dans les cantons d'*Allègre,* d'*Auzon,* de *Brioude,* de *Craponne,* de la*Chaise-Dieu,* de *Fay,* du *Monastier,* de *Monistrol,* de *Saint-Julien,* de *Saint-Paulien,* de *Solignac,* de *Pradelles.*

Quant au bail d'une chambre isolée, on suppose qu'il est fait pour un an dans les cantons de *Bas,* de *Blesle,* de *Brioude,* d'*Auzon,* de la *Chaise-Dieu,* de *Fay,* de *Langeac,* de *Lavoûte,* de *Monistrol,* du *Monastier,* de *Montfaucon,* de *Paulhaguet,* de *Pradelles,* de *Saint-Didier,* de *Saint-Paulien,*de *Solignac,* de *Tence,*de *Vorey;* pour un mois dans celui de *Cayres.*

Celui qui loue un café, une auberge est présumé l'avoir loué pour six ans dans les cantons de *Fay,* de *Saint-Didier,* mais avec la faculté de le résilier au bout des trois premières années, en se prévenant trois mois avant l'expiration de cette période.

Pour trois ans, dans les cantons d'*Auzon,* de *Cayres,* de *Saint-Paulien.*

Pour un an, dans les cantons de *Bas,* de *Blesle,* de la *Chaise-Dieu,* de *Langeac,* de *Loudes,* de *Monistrol,* de *Montfaucon,* de *Paulhaguet,* de *Pradelles,* de *Solignac,* de *Tence,* de *Vorey.*

Le bail d'une grange est présumé fait pour un an, dans les cantons d'*Allègre*, de *Blesle*, de *Brioude*, de la *Chaise-Dieu*, de *Loudes*, de *Montfaucon*, du *Puy*, de *Pradelles*, de *Saint-Paulien*, de *Solignac*, de *Vorey*, si le fermier y engrange des fourrages ; pour trois ans, dans le canton d'*Auzon*.

Si donc la durée de la location d'une maison, d'une partie de maison, d'une chambre, d'un café, d'une auberge ou d'une grange n'est pas déterminée, le locataire est censé occuper ces lieux pour le temps que nous venons d'indiquer.

§ 4

Présomptions de durée des baux ruraux, tirées de la nature des héritages. — Assolements

Ce que nous venons de constater pour les locations urbaines n'est pas d'un grand intérêt pratique, mais il en est autrement des faits que nous allons relever, quant aux biens ruraux.

On va voir par les renseignements que nous allons fournir combien l'usage varie dans la Haute-Loire, et combien le temps nécessaire, pour que le preneur recueille tous les fruits de l'héritage affermé est différent, même dans les cantons limitrophes, par suite des différents assolements.

Dans tout le département, le bail à ferme d'un jardin maraîcher, d'une prairie artificielle, d'une luzernière, d'un pacage, d'une chenevière, est assimilé à celui d'une vigne ou d'une prairie, il est censé fait pour un an.

Si un bois taillis était l'objet d'un bail, il serait censé fait, pour le temps qui devrait courir, jusqu'à l'époque où le preneur serait autorisé par l'usage à en faire la coupe.

Le bail d'un corps de domaine composé de champs, prés et bois, dont la durée n'a pas été fixée, est présumé fait pour six ans dans le canton de *Monistrol*; pour trois ans dans les cantons d'*Allègre*, d'*Auzon*, de *Bas*, de *Blesle,* de *Brioude*, de *Cayres*, de *Craponne*, de *la Chaise-Dieu*, de *Loudes*, du *Puy*, de *Saint-Paulien*, de *Prudelles*, de *Vorey*. — pour deux ans, dans les cantons de *Fay-le-Froid*, du *Monastier*, de *Montfaucon*, de *Saint-Didier*, de *Pinols*, de *Saint-Julien-Chapteuil*, de *Saugues*, de *Solignac*, de *Tence*.

A *Langeac*, l'assolement des domaines varie beaucoup, et la durée d'un bail, étant basée sur cet assolement, il est impossible de rien préciser.

Le bail d'une terre labourable dont la durée n'a pas été fixée est censé fait : pour un an, dans les cantons d'*Auzon*, de *Fay*; il en est de même à *Blesle*, si cette terre est de première qualité ; mais le bail est présumé fait pour deux ans, si la terre est de qualité inférieure. A *Allègre*, si le prix du bail d'une terre labourable est stipulé en argent, le bail est censé fait pour un an, sa durée est de trois ans, s'il y a partage de fruits. — A *Loudes*, à *Pinols*, le bail d'une terre labourable est censé fait pour un an si sa qualité est telle qu'elle ne doive jamais rester en jachère, pour deux ans, si elle est soumise à l'assolement bisannuel.

Le bail d'une terre labourable est toujours présumé fait pour deux ans, dans les cantons de *Monistrol*, du *Monastier*, de *Saint-Julien-Chapteuil*, de *Solignac*, de *Saugues*, de *Tence*; il en est de même à *Vorey*, s'il s'agit d'une terre qui se cultive une année et non l'autre; mais si cette terre produit chaque année, le bail est censé fait pour trois ans. — A *la Chaise-Dieu*, le bail d'une terre labourable, dont la durée n'a pas été fixée, est censé fait pour un an, si cette terre produit des récoltes tous les ans, mais il est censé fait pour trois ans si elle reste une année en jachère. — Dans le canton de *Brioude*, le bail est censé fait pour deux ans si la terre est de première qualité, pour trois ans si sa qualité est moyenne.

Le bail d'une terre labourable est toujours présumé fait pour trois ans dans les cantons de *Bas*, de *Cayres*, de *Craponne*, du *Puy*, de *Paulhaguet*, de *Pradelles*.

Dans le canton de *Fay*, le bail d'une prairie ou d'un champ isolés, mais avec maison pour y engranger soit le foin du pré, soit la récolte du champ, est censé fait pour deux ans.

Nous n'avons pu obtenir de renseignements pour le canton d'*Yssingeaux*.

§ 5

Paiements faits par anticipation

Le propriétaire qui n'est pas payé par le preneur qui ne remplit pas ses engagements vis-à-vis de lui, a une action directe contre les sous-preneurs jusqu'à concurrence du prix de leur sous-bail ; cette règle s'applique aussi bien aux baux-à-loyer qu'aux baux-à-ferme.

Et comme il fallait protéger le propriétaire contre la fraude et la collusion, faciles à concerter au moyen de quittances qui auraient constaté que les paiements avaient eu lieu par anticipation, la loi a admis, comme règle générale, que les paiements faits par anticipation, par le sous-preneur au preneur, ne pourraient être opposés au propriétaire.

A cette règle elle a fait cependant deux exceptions ; l'une d'elles se produit quand le paiement a été fait conformément à l'usage des lieux, parce qu'il n'y a aucun soupçon de fraude quant à de semblables paiements.

Nous avons donc dû rechercher quels sont les paiements anticipés qu'il est d'usage que le sous-locataire fasse au locataire pour les baux-à-loyer, que le sous-fermier fasse au fermier pour les baux-à-ferme.

Le résultat de nos investigations, sur ce point, nous a amené à constater qu'il n'est pas d'usage que le sous-locataire fasse des paiements par anticipation au locataire principal, dans les cantons d'*Allègre*, d'*Auzon*, de *Bas*, de *Blesle*, de *Brioude*, de *Cayres*, de *la Chaise-Dieu*, de *Fay*, de *Langeac*, de *Lavoûte*, de *Loudes*, du *Monastier*, de *Montfaucon*, de *Paulhaguet*, de *Pinols*, du *Puy*, de *Saint-Paulien*, de *Saint-Julien*, de *Pradelles*, de *Saint-Didier*, de *Solignac*, de *Vorey*, de *Tence*, d'*Yssingeaux*.

Dans celui de *Saugues*, il est d'usage que le sous-locataire d'une maison, ou d'une chambre, paie par anticipation 3 mois de loyer.

Dans le canton de *Monistrol*, le sous-locataire paie d'habitude 6 mois de loyer par anticipation.

Relativement aux baux à ferme, il est très-rare qu'il y ait des sous-fermiers, et nulle part il n'est d'usage qu'ils paient par anticipation une partie du prix de leur bail aux fermiers principaux.

§ 6

Obligations des fermiers entrant et sortant

La loi dit que le fermier sortant doit laisser à celui qui lui succède dans la culture, les logements convenables et autres facilités pour les travaux de l'année ; que le fermier entrant doit également procurer à celui qui sort, les logements convenables et autres facilités, pour la consommation des fourrages et pour les récoltes restant à faire, le tout en se conformant à l'usage des lieux.

Les usages, en cette matière, découlent de la nature du bail, de ses principales conditions, de l'époque de la prise de possession et comme les baux des biens ruraux sont très-variés dans la Haute-Loire, nous croyons utile d'en faire connaître les principales conditions dans chaque canton.

1° *Canton d'Allègre.*—Presque tous les baux-à-fermes ont consentis à des métayers ou des colons partiaires, qui exploitent par eux-mêmes et par des domestiques à gage.

La culture par maîtres-valets, n'est pas en usage dans ce canton.

Le fermage à rente fixe, soit en argent, soit en denrées, soit partie en denrées, partie en argent, a lieu quelquefois, mais par exception.

Les baux prennent cours et finissent au 25 mars; leur durée ordinaire est de 3, 6 et 9 ans, avec réserve de résilier après chaque période, en se prévenant trois mois à l'avance.

Au commencement du bail, il est fait un mesurage des terres ensemencées en grains d'hiver, et le fermier est tenu, à sa sortie, de laisser la même étendue de terres ensemencées en même nature de grains. Le propriétaire fait l'avance des semences des grains de printemps, que le fermier lui rend avant sa sortie.

Les céréales se divisent autour du pignon ; le propriétaire a un tiers, le fermier deux tiers; les raves et les pommes de terre ne se partagent pas, le fermier en donne une quantité déterminée par le bail, mais toujours très-inférieure à celle qu'il eût donnée, s'il y eut eu partage.

Il est d'usage que pour le dépiquage des grains appartenant au propriétaire, ce dernier fournit un ouvrier qu'il paye, mais qui est nourri par le fermier. Les autres ouvriers nécessaires pour battre les récoltes sont fournis par le fermier.

Les foins sont fixés, en argent, à la moitié de leur valeur ; dans les céréales, il faut comprendre le chanvre et le colza, s'il en existe.

Les bestiaux employés au labourage, ceux qui garnissent le domaine, les troupeaux de moutons, les instruments d'agriculture appartiennent au bailleur ; ils sont, par exception, la propriété du fermier, mais alors, il a reçu du bailleur une somme d'argent dont il paie l'intérêt, et qu'il rend à sa sortie. Dans ce cas, comme le propriétaire ne profite pas du croît et du bénéfice sur les bestiaux, le fermier lui paie les foins, à leur valeur.

La valeur des bestiaux de toute nature et celle des objets garnissant la ferme est fixée, au moment de l'entrée en jouissance, par deux arbitres choisis par le preneur et le bailleur ; elle est constatée dans le bail ou dans un acte séparé.

A la fin du bail, le fermier doit rendre les objets et bestiaux qui lui ont été remis en entrant, ou leur valeur d'estimation. Si les bestiaux ont plus de valeur que ceux qu'il a reçus, le bailleur peut les garder, en payant la moitié de la plus-value; si, au contraire, il y a une différence en moins, le preneur doit payer la moitié de cette différence.

Pendant le bail et à la fin du bail, le croît et le bénéfice des chevaux, des mulets, des bêtes à cornes et des moutons se partagent par moitié ; pour les cochons, le fermier donne un porc d'un poids déterminé ou sa valeur en argent.

S'il s'agit d'élever des bestiaux ou de les engraisser, le bailleur fait, en général, l'avance des fonds ; ils lui sont rendus sur le produit de la vente ; le surplus de ce produit se partage par moitié entre lui et le preneur ; la laine se partage à moitié.

Le preneur fournit, en général, un nombre de volailles déterminé, du beurre et du fromage, et toujours en petite quantité. Le nombre des volailles dépend de l'importance de la ferme ; on peut les fixer ainsi : dans un domaine d'une paire de bœufs, 4 ou 6 chapons ou poulets, 8 ou 10 kilogrammes de beurre et de fromage ; dans un domaine de deux paires de bœufs, 8 chapons ou poulets, 15 à 18 kilogrammes de beurre et de fromage ; ces redevances se paient : pour le beurre et le fromage, moitié au mois de mars, moitié au mois de septembre ; pour les chapons et poulets, au mois de novembre.

Le fermier doit aussi à son maître un certain nombre de charrois qu'il doit faire dans l'année. Si ces charrois ne sont pas exécutés, ils ne forment pas des arrérages.

Les impôts fonciers sont à la charge du propriétaire ; mais il est d'usage que le fermier les paie au percepteur, en déduction du prix du bail.

Le propriétaire fournit les fourrages, la quantité en est indiquée dans le bail. Le fermier entrant n'en apporte pas ; il doit en laisser pareille quantité à sa sortie, ou payer le manquant. Les foins et pailles doivent être consommés dans la ferme ; dans aucun cas, les fumiers ne peuvent en être détournés.

Le fermier sortant n'est pas autorisé, après sa sortie, à faire consommer dans la ferme les fourrages excédant la quantité qu'il a reçue ; s'il y a un excédant, le maître peut le garder, en en payant la valeur, qui est déterminée par deux arbitres ; si le maître ne veut pas le garder, le fermier sortant a le droit de l'emporter.

Il n'y a pas de conditions spéciales relativement aux obligations entre les fermiers entrant et sortant, puisque ce dernier vide les lieux quand le nouveau fermier prend possession du domaine.

2° *Canton d'Auzon.*—Le métayage et le bail à rente fixe sont également usités dans le canton d'*Auzon* ; on n'y connaît que très-exceptionnellement la culture par maîtres-valets.

Les baux commencent et finissent à trois époques différentes, 25 mars, 25 juin et 11 novembre ; leur durée est de trois, six et neuf ans, en se prévenant trois mois avant la fin de chaque période.

Voici comment s'y fait le bail à métayage : les semences sont fournies, moitié par le bailleur, moitié par le preneur. Les bestiaux affectés au labourage, les troupeaux de moutons sont fournis par le propriétaire ; il en est fait une estimation lors de la prise de possession, et le preneur, à la sortie, doit en laisser de même valeur, ou payer la différence. En cas de plus-value, il profite de la moitié.

Les grains et le croît des bestiaux se divisent par moitié, entre le propriétaire et le métayer, à l'exception du produit des juments poulinières, de celui des porcs et des animaux de basse-cour qui appartiennent habituellement à ce dernier.

La laine se partage à moitié ; on ne partage ni raves, ni pommes de terre, elles appartiennent au métayer.

S'il faut acheter des bestiaux pour les élever ou les engraisser, le propriétaire fournit les fonds ; il les prélève sur la vente, et la plus-value se partage par moitié.

Les instruments d'agriculture sont, en général, la propriété du métayer.

Pour le bail à *rente fixe*, la rente est ordinairement partie en grains, partie en argent. Les semences sont exclusivement fournies par le fermier. Le plus ordinairement, tous les bestiaux et les instruments d'agriculture lui appartiennent ; mais il arrive aussi qu'ils sont fournis par le propriétaire, sous forme de cheptel.

Quel que soit le genre de bail, il est d'usage que le preneur donne au propriétaire, des poulets, des œufs, du beurre, du fromage, quelquefois des dindons, des canards, en proportion de l'importance du domaine, il ne donne jamais ni raves, ni pommes de terre.

Il doit laisser toutes les pailles et tous les engrais de l'année qui ne sont pas employés sur les terres.

Les impôts de toute nature sont toujours à la charge du propriétaire.

Le fermier sortant, vidant les lieux au moment de l'entrée du nouveau fermier, il ne lui est imposé aucune obligation particulière par l'usage des lieux.

Le bail à colonage et à long terme est le plus utile pour les vignes. Sa durée est ordinairement de vingt ans, et de vingt-neuf ans si le colon a planté la vigne. Les produits sont à moitié ou au tiers pour le propriétaire, suivant la fécondité du sol, et les difficultés de la plantation et du travail. Le propriétaire doit fournir les premiers échalas ; le fermier doit les remplacer quand ils sont hors d'usage, mais il profite seul de ceux qu'il remplace et du sarment recepé. Les frais de vendange sont à la charge du colon, le propriétaire prend, soit sa part de vendange à la vigne, soit sa part de vin à la cuve, lorsqu'on le soutire.

3º *Canton de Bas.* — Les baux à rente fixe, partie en argent, partie en céréales, sont en usage, dans ce canton. Depuis quelques années, les baux en argent tendent à s'y introduire.

Dans les baux partie en argent et partie en céréales, le plus souvent le fermier est tenu, de délivrer au propriétaire, la moitié de la récolte en grains, mais les pommes de terre et les raves appartiennent exclusivement au fermier. Dans le cas où le propriétaire a droit à la moitié de la récolte, il fournit un ouvrier que le fermier doit nourrir.

Dans certains cas, le propriétaire, pour lui tenir lieu de la moitié des grains, stipule qu'il lui en sera délivré une quantité déterminée.

Outre le prix du bail, soit en argent soit en céréales, le propriétaire a droit, à la moitié du produit des arbres à fruits de toute nature. En outre, il est d'usage que le fermier donne au propriétaire, une quantité déterminée de pommes de terre, de beurre, de fromage, d'œufs, de poulets ou chapons, de lait, de laine, d'agneaux.

Les baux commencent et finissent au 25 mars de chaque année; ils sont de 3, 6 et 9 ans; résiliables seulement au bout de la troisième année, en se prévenant six mois à l'avance.

Le fermier, lors de son entrée en jouissance, trouve généralement quelques terres vides, qu'il ensemence en pommes de terre; il jouit, immédiatement, des bâtiments, des pacages et des prairies;

quant aux terres, elles sont occupées par les récoltes pendantes par racines, appartenant au fermier sortant, et il ne commence à jouir de ces terres, qu'après la levée des récoltes.

Le propriétaire livre à son fermier, lors de son entrée dans les batiments du domaine, une certaine quantité de foin et de paille ; à l'expiration du bail, ce dernier est tenu d'en laisser pareille quantité ; et, s'il arrive qu'à la sortie du fermier il y ait dans les granges du domaine une quantité de foins et pailles, supérieure à celle qu'il doit laisser, ce surplus appartient au propriétaire.

Le fermier est propriétaire de tous les bestiaux, troupeaux de toute nature et des instruments aratoires ; c'est lui-même qui se les procure ; mais il arrive quelquefois que le propriétaire lui fournit une somme à titre d'avances, et cette somme porte intérêt pendant la durée du bail ; lorsqu'il finit, le fermier dispose des bestiaux comme il l'entend.

Les impôts de toute nature sont à la charge du propriétaire.

Les locations des vignes sont fort rares ; elles sont ordinairement exploitées par les propriétaires, et quand ils ne les exploitent pas, ils sont dans l'usage de charger un vigneron de faire les diverses façons de la vigne ; dans ce cas, le produit se partage par moitié.

4° *Canton de Blesle.*—Le mode de bail, presque exclusivement adopté dans le canton de Blesle, est le métayage combiné avec le cheptel simple, tel qu'il est régi par les dispositions de l'article 1804 et suivants du Code Napoléon.

Le preneur et le bailleur se partagent les céréales par moitié ; ils fournissent chacun moitié de la semence ; les pommes de terre et raves sont exclusivement réservées au preneur.

Le croît des vaches, chevaux, mules, porcs, celui des moutons, la laine qu'ils produisent se partagent aussi par moitié entre eux.

Il est d'usage que le fermier fournisse quelques poulets au propriétaire.

Le bailleur fournit les bestiaux de toute nature et les instruments d'agriculture; à la fin du bail, le métayer doit en rendre de même valeur ou payer la différence; s'il y a de l'excédant, il se partage par moitié entre eux.

L'époque de l'entrée en jouissance est celle du dix novembre. La durée du bail est de trois, six ou neuf ans, avec faculté réciproque de le faire cesser à la fin de chacune des deux premières périodes, par un avertissement donné trois mois à l'avance.

Les impôts fonciers se paient généralement par moitié.

Les pailles, fumiers et engrais restent toujours à l'exploitation.

Ce mode de bail ne peut donner lieu à aucun usage touchant les rapports du fermier entrant et du fermier sortant.

5° *Canton de Brioude.* — Le métayage est le genre de bail le plus usité dans le canton de Brioude, pour les corps de domaine.

La culture par maîtres-valets n'y est pas connue.

Les baux commencent au 25 décembre. Ils sont, en général, de trois, six et neuf ans, avec faculté de les résilier de trois en trois ans, en se prévenant trois mois avant la fin de chaque période.

Au commencement du bail, il est fait un état des lieux pour constater la quantité de terres ensemencées ou préparées, les grains nécessaires pour ensemencer les récoltes du printemps.

On estime la quantité des pailles et des fourrages que reçoit le métayer; il doit laisser la même quantité de chaque chose à celui qui lui succède.

Les bestiaux et troupeaux de toute nature, les instruments aratoires sont la propriété du bailleur ; c'est lui qui fait l'avance des
fonds ; il en est remboursé à la fin du bail, sur le produit de leur
vente, ou il se rembourse en nature ; l'excédant, s'il y en a, se
partage par moitié.

Les céréales sont à moitié ; le croît des vaches, mules, juments
et porcs, la laine sont aussi à moitié.

S'il convient dans le cours du bail d'acheter des bestiaux pour
les élever ou les mettre à l'engrais, le propriétaire fait l'avance
des fonds ; lors de la vente, les bénéfices et les pertes sont sup-
portés également par le métayer et par le propriétaire.

Les pailles et fourrages doivent être employés aux besoins de
l'exploitation ; si, au moment de la sortie du preneur, il en existe
une plus grande quantité qu'à son entrée, l'excédant se divise par
moitié entre lui et le bailleur ; si, pendant la durée du bail, il est
nécessaire d'en acheter, l'achat se fait également à frais communs

Il est d'usage que le métayer donne au bailleur une certaine
quantité de poulets, dindons, œufs, beurre ; elle est déterminée
à l'avance.

Les raves et les pommes de terre sont exclusivement la propriété
du preneur et doivent être consommées dans la ferme.

Bien que le bail commence le 25 décembre, il est d'usage
que celui qui entre prenne possession quelques jours plus tôt ; le
métayer doit tolérer sa présence et lui fournir un logement convenable.

L'impôt foncier est payé moitié par le métayer, moitié par le
propriétaire.

S'il s'agit de parcelles détachées ne faisant pas corps de domaine, et surtout dans les environs de Brioude, on afferme en général pour 2, 3, 6 ou 9 années, soit à moitié fruit, soit en argent.

Dans les bons terrains, le bailleur paye les impositions et le preneur fournit la semence ; dans les mauvais, la semence est fournie à moitié.

Si le bail est à mi-fruits, le produit des grains se partage sur l'aire à battre, le fermier transporte la part du bailleur dans le domicile de ce dernier ; toute la paille appartient au fermier ; les autres récoltes se partagent aux champs.

Nous ne croyons pas inutile de consigner ici quel est le mode le plus ordinairement suivi par les propriétaires de ce canton, lorsqu'ils donnent en location un champ qui doit être converti en vigne.

Ce bail est à mi-fruits; sa durée est en général de 29 ans. Le colon est tenu de planter la vigne à ses frais ; mais il n'en partage les produits avec le bailleur qu'au bout de trois ou de six ans, suivant la qualité du terrain. Les produits accessoires du terrain, jusqu'au moment du partage du raisin, lui sont exclusivement attribués. Le bailleur est chargé de payer les impôts pendant toute la durée du bail et de fournir les premiers échalas.

Le partage du raisin se fait à la vigne, lors de la vendange ; le colon est habituellement tenu de transporter la part du bailleur à son domicile.

6° *Canton de Cayres.* — Le bail le plus usité dans ce canton est le bail à rente fixe, en argent ou en denrées, ou partie en argent, partie en denrées.

Nous renvoyons, pour les clauses de ce bail, à celles qui sont indiquées plus loin pour le canton de Solignac. Il n'en diffère qu'en ce que la durée des baux est trois, six ou neuf ans.

La culture par maîtres-valets n'y est pas connue.

Le bail à moitié fruits s'y rencontre quelquefois ; en voici les plus ordinaires :

Ces baux sont faits pour dix années ; ils prennent cours au 25 mars.

Les seigles, orges, avoines et pois sont partagés par moitié ; les récoltes sont dépiquées par les fermiers, qui profitent de la paille.

En entrant au 25 mars, une quantité de foin et de paille nécessaire pour nourrir les bestiaux jusqu'au 25 juin, est laissée par le propriétaire au fermier, qui doit en rendre une semblable quantité à sa sortie ; mais quand à sa rentrée il n'existe pas de fourrages, le propriétaire fait l'avance au fermier d'une somme d'argent suffisante pour acheter jusqu'au 25 juin les foins et pailles pour la nourriture des bestiaux. L'argent avancé pour ce fourrage ne porte pas d'intérêts ; le capital est rendu au propriétaire à fin de bail.

Les semences de mars sont avancées par le propriétaire ; il les prélève à la fin du bail.

A titre de cheptel, le propriétaire donne les animaux et outils nécessaires à l'exploitation ; estimation est faite lors de la délivrance de ces objets, et à sa sortie, le fermier rend la valeur égale trouvée à sa rentrée.

Tous les croîts sans exception, y compris les laines, sont au fermier.

L'étendue des prairies existantes dans le domaine étant connue, le fermier paie au propriétaire, autant de fois la somme de dix francs qu'il jouit de cartonnées, soit six ares quatre-vingt-trois centiares. Dans tout le canton de Cayres, ce chiffre est accepté sans être débattu.

Quelle que soit la superficie en pâturages, qui peut se trouver dans le domaine, elle passe sur le marché, sans être estimée.

Le fermier est aussi obligé à quelques charrois, et, en outre, à quelques redevances annuelles, en poulets ou beurre.

7º *Canton de Craponne.*—Dans le canton de Craponne, le prix des baux est habituellement stipulé en argent pour les foins ; le propriétaire perçoit le tiers de tous les grains.

Il n'y a point de culture par maîtres-valets.

Les baux commencent au 25 mars, et sont faits pour trois, six ou neuf ans, avec résiliation facultative et réciproque, en se pré- venant trois mois à l'avance.

Le propriétaire fournit les semences au fermier; il lui donne également les bestiaux nécessaires à la culture, il en est fait u état, habituellement par experts convenus; cet état est constaté dans le bail, et à la fin du bail, le preneur doit laisser une pa- reille quantité de semences et de bestiaux à celui qui lui succède.

La récolte des blés d'hiver appartient au fermier sortant; le fermier rentrant doit lui fournir les bestiaux pour remiser cette récolte dans les bâtiments, une place suffisante à la grange pour l'y recevoir et pour l'y dépiquer; mais le fermier sortant est seul chargé de ces opérations. Le fermier entrant doit encore, pendant leur durée, permettre au fermier sortant de faire son ménage dans la maison.

Les impôts de toute nature sont toujours à la charge du pro- priétaire.

Tous les fourrages, sans exception, doivent rester dans la ferme ; s'il en manque dans le courant du bail, le fermier doit se les procurer.

8° *Canton de La Chaise-Dieu.* — Il est deux sortes de baux également usités dans ce canton ; le bail à mi-fruits et le bail en argent.

La culture par maîtres-valets n'y est pas connue.

L'entrée en jouissance, pour l'un et l'autre bail, a lieu au 25 mars ; leur durée est en général de trois, six et neuf ans, avec faculté réciproque de les résilier à la fin de chaque période, en se prévenant trois mois à l'avance.

Il est d'usage, pour ces sortes de baux, que le propriétaire fournit au fermier tous les bestiaux destinés à l'exploitation, et les troupeaux de moutons ; il en est fait un inventaire par deux arbitres choisis ; cet inventaire doit être restitué par le fermier à sa sortie.

Les pailles et fourrages que le fermier trouve dans la ferme sont estimés de la même manière, et le fermier doit aussi en laisser une pareille quantité. — Il est encore habituel dans ces deux sortes de baux que les instruments d'agriculture sont la propriété du fermier.

Si le bail est en argent, les semences sont fournies par le fermier ; il profite seul de tous les produits et n'est tenu qu'au paiement du prix. — Si le bail est à mi-fruits, les semences sont fournies moitié par le propriétaire, et moitié par le métayer. Les récoltes en céréales, le croît des vaches, juments, mules, moutons, la laine se partagent à moitié.

Le métayer profite seul des raves, des pommes de terre, du

produit des cochons, des oies, dindons et vo'ailles de toute nature, du beurre, du fromage, du lait.

Le preneur, dans aucun cas, ne peut emporter de la ferme les
pailles ou fumiers ; si au moment de sa sortie il en existe une plus
grande quantité que celle qu'il a reçue, il ne lui en est pas tenu
compte ; mais il a le droit de les faire consommer dans la ferme,
et, dans ce cas, le fermier entrant est tenu de recevoir dans l'écurie les bestiaux nécessaires à cette consommation et les gens qui
doivent en prendre soin.

Les impôts de toute nature sont toujours payés par le propriétaire. Les prestations seules sont à la charge du métayer.

9° *Canton de Fay-le-Froid.* — Les baux à rente fixe en argent
sont exclusivement connus dans ce canton.

Leur durée est, pour les gros domaines, de six ou douze ans ;
pour les petits, de deux, quatre ou six ans, avec faculté de les
résilier à la fin de chaque période, en se prévenant réciproque·
ment six mois à l'avance.

Ils commencent toujours au 25 mars ; mais à cause de la rigueur
du climat, il est d'usage que le fermier sortant ne vide les lieux
qu'au 4 mai, jour où arrive le fermier entrant.

Le fermier sortant évacue complètement la maison d'exploitation, en y laissant les pailles et fourrages non encore consommés,
et tous les engrais. Le fermier entrant, pendant la première année
de sa jouissance, ne profite que des pacages, des foins et fourrages,
les terres labourables étant occupées par la récolte du fermier
sortant.

Le fermier fournit les semences ; il doit avoir un nombre de
bêtes suffisant pour l'exploitation du domaine. Pour une pro-

priété de 3,000 fr. de revenu, par exemple, il doit tenir au moins soixante bêtes à cornes, sans parler des chevaux, poulains, mules, veaux et moutons; il doit habiter la maison d'exploitation; il est rigoureusement tenu d'y faire consommer tous les fourrages.

Tous les bestiaux ainsi que les instruments d'agriculture sont la propriété du fermier, qui les amène avec lui; le propriétaire n'entre pour rien dans leur acquisition.

Il est d'usage qu'indépendamment du prix du bail, le fermier fournisse au propriétaire une certaine quantité de beurre; 50 kilos, par exemple, pour une propriété de 3,000 fr. de revenu.

Il est encore d'usage que s'il existe des bois dans le domaine, le propriétaire fournisse au fermier celui qui lui est nécessaire pour l'entretien et la réparation des outils aratoires.

Le fermier sortant doit laisser dans certains lieux le tiers, dans d'autres le quart des terres en friche, ainsi qu'il les a reçues lui-même; il ne doit rien changer à la nature de la culture ni aux assolements; il abandonne à son successeur les pacages et les prairies et sème, quelquefois avant son départ, mais le plus souvent après sa sortie, les grains de printemps et les pommes de terre.

Quand arrive l'époque des moissons, le fermier qui est sorti au mois de mars revient au domaine pour moissonner la récolte par lui ensemencée en automne ou au printemps. Après l'avoir engrangée dans les bâtiments de la ferme, il doit, dans un délai de trois mois au plus, battre les grains sur l'aire, les emporter et laisser toutes les pailles. Dans le courant de l'automne il revient encore pour récolter les pommes de terre. Il est d'un usage constant que le fermier entrant doit lui donner place au foyer pour préparer ses aliments et ceux de ses ouvriers, et lui prêter sa table. L'usage l'astreint en outre à fournir à l'ancien fermier, un homme et un char attelé, pour engranger les récoltes, quand il les amène des champs.

Les impôts sont tous à la charge du propriétaire; mais il est d'usage que le fermier paie le percepteur, en diminution de son prix de ferme.

10° *Canton de Langeac.* — Le bail à mi-fruits est celui qui est le plus usité dans ce canton; on y rencontre aussi le bail à rente fixe ou à grains sûrs; mais il est moins habituel. La culture par maîtres-valets ne s'y rencontre pas.

Les conventions que nous avons analysées pour le bail à mi-fruits, dans le canton de la Chaise-Dieu, sont celles que l'on adopte dans celui de Langeac.

Voici les seules différences : les baux sont en général de deux, quatre ou six ans. Ils commencent ordinairement à la Noël, ou au 25 mars. Les instruments d'agriculture sont fournis par le propriétaire; il en est dressé inventaire ; le métayer est chargé de les entretenir, et à sa sortie il doit en laisser d'équivalents ou payer la différence. Le métayer sortant peut emporter les pailles et fourrages qui excèdent la quantité qu'il a reçue et qui est constatée dans l'inventaire. Mais le propriétaire peut les retenir au prix courant.

Les pommes de terre se partagent en général comme le grain.

Les vignes sont presque toujours affermées à moitié fruits.

11° *Canton de Lavoûte-Chilhac.* — Les baux à rente fixe, soit en argent, soit en denrées, soit partie en argent et partie en denrées, sont presque exclusivement usités dans ce canton; il s'en fait un nombre à peu près égal de chaque espèce.

Le métayage s'y rencontre rarement et tend à disparaître ; la culture par maîtres-valets n'y est pas connue.

Les baux commencent le 25 décembre ou le 25 mars pour les terres, et le 11 novembre pour les vignobles.

Leur durée est de trois, six ou neuf ans dans certaines parties, et notamment dans les vignobles, et de quatre, huit et douze ans dans les parties montagneuses, avec faculté réciproque de les résilier, en se prévenant trois mois avant l'expiration de chaque période.

Il est d'usage, pour les baux à rente fixe, que le propriétaire livre au fermier, à son entrée, les semences de la première année, qu'il retire en nature à la fin du bail ; il lui avance aussi d'habitude une somme d'argent destinée à acheter une partie des bestiaux ; cet argent porte intérêt à son profit, à raison de 5 0/0 pendant la durée du bail.

Dans les baux à métayage, les semences sont fournies moitié par le propriétaire et moitié par le fermier. Le propriétaire avance généralement l'argent nécessaire à l'acquisition des moutons et des bestiaux destinés à l'engrais ; dans ce cas et quand le propriétaire a prélevé le prix d'acquisition, la laine et les produits se divisent par moitié entre eux.

Le matériel de l'exploitation est en général la propriété du maître ; le métayer doit l'entretenir et en laisser une égale valeur à sa sortie.

Les impôts sont toujours à la charge du propriétaire. Le fermier entrant n'apporte pas de fourrages ; il en trouve d'ordinaire une quantité suffisante lorsqu'il prend possession du domaine, et il doit en laisser pareille quantité à sa sortie.

Si les fourrages sont insuffisants pendant la durée du bail, le fermier à rente fixe est tenu de se les procurer ; le colon partiaire les achète de compte à demi avec le propriétaire.

Voici quelles sont pour les baux des vignes de ce canton les conventions les plus habituelles.

Leur durée est en général de 3, 6 et 9 ans, le prix est payable en vendange.

Lorsque le propriétaire fournit les échalas et le fumier, il prend les cinq neuvièmes de la récolte et le fermier quatre neuvièmes ; si c'est le fermier qui fournit les échalas et le fumier la récolte se partage à moitié.

Le produit des arbres fruitiers est en général à moitié, cependant quelquefois le propriétaire se réserve toutes les pêches.

Les haricots se partagent également ainsi que leurs gousses.

L'impôt est à la charge du propriétaire.

Le preneur doit entretenir les murs de clôture, de soutènement et les fossés.

12º *Canton de Loudes.* — Le fermage à rente fixe, soit en argent, soit partie en argent et partie en denrées, est presque le seul qui soit usité dans ce canton.

La culture par maîtres-valets n'y est pas connue. Le colonage partiaire y est très-rare.

Les baux commencent le plus ordinairement au 25 mars, quelquefois au 30 septembre ou au 1er novembre ; leur durée ordinaire est de trois ans; quelquefois de trois, six et neuf années, et toujours avec réserve de les résilier au bout des deux premières périodes, en se prévenant trois mois avant l'expiration de chacune d'elles.

Pour les baux à rente fixe, les semences sont fournies par le fermier; s'il s'agit du colonage partiaire, elles le sont moitié par le propriétaire et moitié par le fermier.

Les bestiaux destinés au labourage, à l'engrais, les troupeaux de moutons sont presque toujours la propriété du fermier; il en est de même pour les instruments d'agriculture; cependant il arrive, par exception, que le propriétaire fournit tout ou partie du matériel de l'exploitation; le fermier doit l'entretenir et le laisser d'une égale valeur à sa sortie.

L'état du mobilier donné au fermier, celui des terres est constaté par un inventaire. Quant aux fourrages, le plus ordinairement le propriétaire en livre une certaine quantité au fermier lorsqu'il prend possession de la ferme; à sa sortie, il doit en laisser une quantité pareille; si les fourrages viennent à manquer pendant le cours du bail, le fermier est tenu de se les procurer.

Le cheptel de fer, tel qu'il est régi par les dispositions des articles 1821 et suivants du Code Napoléon, est usité dans ce canton.

Les impôts sont payés par le propriétaire.

Le fermier entrant prend généralement possession au départ de celui qui l'a précédé; il n'existe dès lors aucun usage relativement au logement et à la consommation simultanés des fourrages; cependant, s'il y a des terres en jachère, il est d'usage que le fermier entrant exécute les labours nécessaires avant la sortie de son prédécesseur.

On ajoute souvent au prix du bail quelques redevances, telles que poulets, beurre, raves et pommes de terre; mais ces dernières sont en petite quantité.

13º *Le Monastier*. — Le fermage à rente fixe, tel que nous venons de l'indiquer pour le canton de Loudes, est le plus usité dans ce canton.

Les baux commencent habituellement au 25 mars ; leur durée, le délai des congés sont les mêmes qu'à Loudes.

Voici les seules différences :

Le fermier est presque toujours propriétaire de tous les bestiaux et du matériel de l'exploitation ; il apporte le plus souvent des fourrages ; à sa sortie, il peut en emporter une quantité pareille à celle qu'il a apportée ; le cheptel de fer y est très-peu connu.

La récolte de la dernière année appartient au fermier sortant, celui qui lui a succédé est tenu de lui fournir le logement et le bois nécessaire à la cuisson des aliments pendant le temps que dure la moisson et le dépicage des céréales ; la paille reste à l'exploitation.

14º *Canton de Monistrol*. — C'est encore le bail à rente fixe qui est exclusivement usité dans ce canton ; il commence au 25 mars ; sa durée est de six et neuf ans, avec résiliation facultative de part et d'autre à la fin de chaque période, en se prévenant six mois à l'avance.

Le fermier fournit lui-même tous les bestiaux, tous les outils aratoires, les semences, les fourrages. A sa sortie il peut emporter tous les fourrages autres que la paille, pourvu qu'il ait nourri dans le domaine les bestiaux nécessaires à l'exploitation.

La récolte d'hiver de la dernière année du bail est la propriété du fermier sortant ; le fermier entrant, à qui appartient la paille, est tenu de conduire cette récolte avec ses attelages dans la grange du domaine.

Le cheptel de fer n'est pas connu dans ce canton ; les impôts y sont toujours payés par le propriétaire.

Il est d'usage que le bail comprenne des chapons et une certaine quantité de beurre.

15° *Canton de Montfaucon.* — Le bail à rente fixe soit en argent, soit en argent et denrées fixes, devient chaque jour d'un usage fréquent; cependant beaucoup de domaines s'afferment au tiers ; le propriétaire reçoit alors outre une somme d'argent, le tiers des grains, du beurre, du fromage, des chapons, et poulets.

Le bail commence toujours au 25 mars; il est fait pour six et neuf ans, et il n'y a lieu à résiliation, que si cette clause est insérée dans le bail, ce qui est rare.

Le fermier fournit les bestiaux et il en a le produit, il fournit également les instruments aratoires et les semences ; les pailles et fourrages, récoltés dans le domaine, doivent y être consommés ainsi que les engrais qui en proviennent, cependant le fermier a le droit d'emporter à sa sortie une quantité de foin, paille et fumier égale à celle qu'il a apportée en entrant.

Souvent il arrive que le propriétaire laisse au domaine une certaine quantité de grains, de foin et de paille que l'on nomme *ameublissement*, le fermier qui quitte en fait compte à son successeur.

A sa sortie, le fermier doit laisser vides une étendue de terres égale à celles qu'il a trouvées libres. La récolte qui a été semée, avant la sortie de l'ancien fermier, est sa propriété, il vient lui-même la moissonner et apprêter les gerbes; elles sont rentrées dans les granges du domaine par le nouveau fermier, et, quand l'hiver est venu, celui qui est sorti vient l'y dépiquer, il emporte les grains mais la paille reste au nouveau fermier.

Ce dernier est dès lors tenu de souffrir dans les bâtiments du domaine la présence des batteurs, employés par l'ancien fermier à dépiquer sa récolte.

L'impôt est payé par le propriétaire.

16° *Canton de Paulhaguet.* — Les baux à rente fixe, soit en argent, soit partie en argent, partie en denrées, sont les plus usités dans ce canton.

Ils commencent au 25 décembre ; leur durée est de trois, six ou neuf ans, avec faculté de résilier au bout de chaque période, en se prévenant six mois à l'avance.

Lorsque le fermier prend possession du domaine, il est fait un état des lieux, des terres ensemencées ou labourées, des fourrages qui existaient dans la grange ; il doit laisser le tout en pareil état à sa sortie. Le fermier ne fournit guère que son travail et son industrie.

Les bestiaux, les troupeaux, les instruments aratoires sont la propriété du propriétaire ; il fournit au fermier les semences de printemps, et à sa sortie ce dernier est tenu de laisser des bestiaux de même valeur, une égale quantité de semences et des instruments aratoires pareils à ceux qu'il a reçus. Le tout est estimé par des arbitres.

Indépendamment du prix du bail, il est d'usage que le fermier fournisse au propriétaire des poulets, du beurre, quelquefois des raves et des pommes de terre.

Le fermier sortant peut emporter tous les fourrages et bestiaux qui excèdent la quantité ou valeur de ceux qu'il a reçus en entrant.

Les impôts sont toujours payés par le propriétaire. Il est encore d'usage que les bestiaux destinés à l'engrais, tels que vaches, bœufs ou moutons, sont achetés par le propriétaire pendant le cours du bail ; il en est remboursé lors de la vente, et la plus-value se divise par moitié. Il n'y a pas d'obligations particulières imposées aux fermiers, l'un vis-à-vis de l'autre, pour l'entrée et la sortie.

Les baux pour la plantation d'une vigne sont faits ordinairement pour 25 à 30 ans.

Les baux pour une vigne en produit sont ordinairement à moitié fruit, ou pour une quantité de vin déterminée.

17° *Cantons du Puy.* — Ce que nous avons dit du bail à rente fixe pour le canton de Loudes, s'applique aux deux cantons du Puy, où ce mode de bail est le plus usité.

Voici les seules différences : les baux commencent plus habituellement au 25 septembre qu'au 25 mars ; leur durée est la même, mais le congé doit être donné six mois avant la fin de chaque période.

Le cheptel de fer est peu usité dans les deux cantons du Puy.

18° *Canton de Pinols.* — Le bail à rente fixe, partie en argent, partie en denrées, est le seul en usage dans ce canton ; on n'y connaît ni le bail à colonage, ni la culture par maîtres-valets.

Il commence au 25 mars ; sa durée est de quatre, six ou huit ans, avec faculté de le résilier à la fin de chaque période, en se prévenant trois mois à l'avance.

A la prise de possession, il est dressé un état des terres ensemencées et des terres préparées ; il est fait un inventaire des fourrages qui sont dans le domaine ; à sa sortie, le fermier doit laisser le tout dans l'état où il l'a trouvé.

Le propriétaire fournit toujours au fermier un cheptel de bestiaux ; mais les instruments d'agriculture sont la propriété du fermier ; c'est ce dernier qui fournit les semences de mars.

Il n'est pas d'usage de comprendre dans le bail des poulets, dindons, œufs, raves ou pommes de terre.

A moins de conventions contraires, les impôts sont payés par le propriétaire.

Le fermier entrant n'a aucun rapport avec le fermier sortant, qui abandonne les lieux tels qu'il les a trouvés.

19° *Canton de Pradelles* — Le bail à rente fixe, tel que nous venons de l'indiquer pour le canton de Pinols, est le plus usité dans le canton de Pradelles.

Voici les seules différences :

Le bail n'est fait que pour trois ou six ans ; au lieu de donner des bestiaux à cheptel, le propriétaire en fournit à son fermier une certaine quantité qui est estimée et qui devient la propriété de ce dernier ; il lui donne aussi une certaine quantité de grains ; quand vient la fin du bail, le fermier est obligé de rendre le prix d'estimation des bestiaux et la quantité de grains qui lui a été livrée.

On comprend quelquefois dans le bail des poulets, du beurre, du fromage.

La récolte qui a été semée par le fermier sortant appartient à ce fermier, qui revient à l'époque des moissons pour l'ameublir ; le fermier qui l'a remplacé doit lui fournir les bestiaux et les chars nécessaires à les transporter dans les bâtiments de l'exploitation, il doit aussi mettre les granges à sa disposition pour la recevoir.

20° *Canton de Saugues.* — Dans le canton de Saugues le prix des baux est fixé en argent pour les fourrages; les récoltes se partagent à moitié.

Les baux commencent et finissent au 25 mars; leur durée est de deux, quatre et six années; les congés doivent être donnés trois mois avant la fin de chaque période. Le fermier reçoit ordinairement du propriétaire un cheptel en bestiaux qu'il doit laisser tel qu'il l'a reçu. Le croît lui appartient exclusivement; il en est de même du matériel de l'exploitation.

L'usage qui existait de comprendre dans le prix du bail des poulets, du beurre, du fromage, tend à disparaître aujourd'hui.

Les impôts sont toujours payés par le propriétaire.

21° *Canton de Solignac.* — Le fermage à rente fixe, soit en argent, soit en denrées, soit partie en argent, partie en denrées, est celui qui est le plus usité dans ce canton. On y rencontre aussi le colonage partiaire ou le métayage; mais il est moins habituel et n'existe pas du tout dans les communes de Bains et du Brignon. La culture par maîtres-valets n'y est point connue.

Tous les baux commencent, en général, au 25 mars et finissent à la même époque; leur durée ordinaire est de 4 et 8 ans, avec faculté réciproque de les résilier, en se prévenant trois mois avant la fin de chaque période.

Les impositions de toute nature sont presque toujours payées par le propriétaire.

Pour ne parler que du bail à rente fixe, voici quels sont ses éléments :

Les semences sont fournies par le fermier, c'est à lui qu'appartiennent les bestiaux de toute nature garnissant la ferme; il se pourvoit lui-même des instruments d'agriculture; mais il arrive aussi que pour procurer au fermier le matériel de l'exploitation, le propriétaire lui avance une somme d'argent, quelquefois même des bestiaux évalués en argent qui lui sont restitués à la fin du bail.

Aucun autre rapport n'existe entre le propriétaire et le fermier quant à l'exploitation; c'est le fermier qui achète les bestiaux pour le nourrissage et l'engrais; c'est lui qui se procure les pailles et fourrages qui peuvent manquer pendant la durée du bail.

Au moment de la prise de possession, il est d'usage de mesurer la surface ensemencée en grains de toute nature, pour qu'à la fin du bail, le fermier laisse la même étendue de semences, et même assolement.

Il est fait aussi un inventaire des pailles et fourrages qui sont dans les bâtiments du domaine; le fermier doit en laisser une pareille quantité à sa sortie; s'il y a un excédant, il peut l'emporter, à moins que le propriétaire n'use du droit qui lui est conféré par l'article 1778.

La récolte entière qui a été semée par le fermier sortant, est la propriété de ce fermier; elle est levée et battue en sa présence par le fermier entrant, qui profite des pailles de cette récolte.

Voici quelle est l'opération, admise par l'usage et connue sous le nom de *dîme*, à l'aide de laquelle le fermier qui quitte le domaine, tient compte à son successeur de la quantité de grains qu'il avait reçus lui-même.

Immédiatement après la moisson, l'ancien et le nouveau fermier se rendent ensemble sur les champs du domaine, ils suivent les rangs des gerbes de toute nature de grains, et après chaque dizaine comptée, le nouveau fermier prélève la onzième qu'il met de côté; après cette opération, toutes les onzièmes gerbes sont réunies en meules spéciales, qui restent sous la surveillance du nouveau fermier.

Vers le 15 septembre, avant les semailles d'automne, les meules provenant de la dîme sont engrangées dans les bâtiments de la ferme et les gerbes en sont battues en présence du fermier sortant. La quantité de grains qu'elles ont produit, est mesurée, multipliée par dix; et, suivant que cette multiplication donne un produit supérieur, ou inférieur, à la quantité de grains de chaque espèce, que le fermier sortant avait reçue lui-même de son prédécesseur, il profite de l'excédant ou doit tenir compte de la différence.

Le produit total de la dîme porte le nom d'*estime*.

Parmi les facilités, prévues par l'article 1777 du Code Napoléon, que le nouveau fermier doit procurer à celui qui l'a précédé, il est d'usage qu'il doit tolérer chez lui la présence de ce dernier, pour qu'il puisse surveiller le battage des récoltes, tant d'hiver que du printemps, qui sont presque toujours ensemencées par le fermier sortant.

22° *Canton de St-Didier-la-Séauve.* — Le bail en argent est le seul usité dans ce canton; il commence au 25 mars; sa durée ordinaire est de six ans et neuf ans; les congés doivent être signifiés six mois avant l'expiration de la première période.

Le fermier est propriétaire de tout le matériel de l'exploitation,

9

il fournit tous les bestiaux, toutes les semences et profite de tous les produits.

L'impôt est toujours payé par le propriétaire.

Il arrive souvent, dans ce canton, que le fermier avance au bailleur la première annuité du prix du bail, imputable sur la dernière année, et que cette annuité produit intérêt à son profit.

23º *Canton de St-Julien-Chapteuil.* — Les baux les plus usités dans ce canton, sont les baux à rente fixe, soit en argent, soit partie en argent, partie en denrées; ils commencent d'ordinaire au 25 mars; leur durée est de 3, 4 et 6 ans; les congés doivent être signifiés trois mois à l'avance.

Les bestiaux, instruments aratoires appartiennent au fermier; c'est lui qui fournit les semences, il est rare que le prix du bail comprenne des fournitures en beurre, œufs et poulets. Quelquefois le propriétaire fournit des bestiaux au fermier; mais le plus souvent ce dernier en devient propriétaire; il n'est tenu que d'en payer la valeur à la fin du bail.

Le fermier qui a quitté le domaine au 25 mars, vient ensuite moissonner la récolte qu'il a laissée ensemencée; celui qui est entré, doit lui laisser engranger et dépiquer cette récolte dans les bâtiments du domaine.

24º *Canton de Saint-Paulien.* — L'usage le plus général, dans le canton de Saint-Paulien, est d'affermer les prairies en argent et les champs à grain sûr.

Le bail commence ordinairement au 25 mars et finit à la même époque; sa durée est de 6 à 9 ans, avec faculté de le résilier après la première période, en se donnant congé au mois de septembre au plus tard.

Le propriétaire fournit les semences d'hiver, le fermier fournit celles du printemps. Ce dernier garnit lui-même le domaine, des bestiaux, troupeaux, instruments aratoires nécessaires à son exploitation ; il arrive quelquefois que le propriétaire lui fait l'avance d'une somme d'argent qu'il emploie à ces diverses acquisitions ; il s'oblige alors à la rendre, à la fin du bail, et à en servir l'intérêt à raison de cinq pour cent, pendant sa durée.

Le fermier doit laisser, à sa sortie, une quantité de fourrages pareille à celle qu'il a trouvée dans le domaine à son entrée ; s'il y a excédant, il peut emporter le surplus.

Le fermier profite seul de tous les produits du domaine, du croît des bestiaux ; mais il supporte aussi toutes les pertes.

Le prix du bail comprend ordinairement quelques redevances en beurre, œufs et poulets.

Le propriétaire est seul chargé de tous les impôts.

25° *Canton de Tence*. — Les rapports entre le propriétaire et son fermier sont presque toujours fixés de la manière suivante dans ce canton :

Les baux partent du 25 mars et finissent à pareille époque ; leur durée ordinaire est de 6 ans.

A l'entrée du fermier, il est fait un état des lieux, et un inventaire des fourrages existant dans le domaine ; à sa sortie, il doit laisser les terres dans le même état de culture et les bâtiments pourvus des mêmes fourrages.

Le fermier est propriétaire de tous les bestiaux et de tout le matériel ; il profite de tous les produits et n'est astreint qu'à payer le prix de ferme, qui est presque toujours d'une somme d'argent pour les prairies et d'un tiers des grains de toute nature.

Le propriétaire ne prend ni raves, ni pommes de terre; il est assez d'usage qu'on lui fournisse des chapons, du beurre, du fromage.

Les impôts sont toujours payés par le propriétaire; le nouveau fermier doit souffrir la présence de l'ancien fermier, jusqu'à ce que la récolte ait été entièrement dépiquée, et ce dernier peut emporter les pailles qui excèdent la quantité qu'il a trouvée en entrant.

26° *Canton de Vorey.* — Le fermage à rente fixe, soit en argent, soit partie en argent et partie en denrées, est le plus usité dans ce canton.

Les baux sont consentis pour 3 et 6 ans, avec faculté de les résilier en se prévenant 3 mois avant l'expiration de la première période.

La prise de possession a lieu le 25 mars, pour les bâtiments, les prairies, pour les terres à ensemencer au printemps; et après la levée de la récolte, pour les terres qui doivent l'être en automne.

Le propriétaire fournit ordinairement les semences, et le fermier doit en laisser une pareille quantité à celui qui lui succède.

Les bestiaux et le matériel d'exploitation sont, le plus habituellement, la propriété du fermier; quelquefois, le propriétaire les fournit en tout ou en partie; dans ce cas, le fermier doit en restituer, de pareille valeur, à sa sortie; mais il profite toujours exclusivement de tous les produits, et il est d'un usage constant que le fermier fournisse des poulets, du beurre, du fromage; la quantité peut en être fixée, pour un bail de 1,000 francs annuellement, à 10 poulets et 25 kilos, moitié beurre, moitié fromage.

Le fermier sortant doit laisser les terres dans l'état où il les a trouvées, et cet état est ordinairement constaté par un inventaire.

Le fermier qui est sorti au mois de mars, devant lever la récolte des blés d'automne, est en droit d'exiger du nouveau fermier les logements et autres facilités nécessaires à son engrangement et à son dépiquage.

27° *Canton d'Yssingeaux*. — Presque tous les domaines de ce canton sont affermés à prix d'argent ; les baux commencent au 25 mars et finissent à la même époque ; leur durée est de 3 et 6 ans avec faculté de les résilier à chaque période, en se prévenant 6 mois à l'avance.

Les bestiaux, troupeaux, instruments d'agriculture, les semences sont fournis par le fermier entrant, qui doit laisser les lieux et terres dans l'état où il les a trouvés.

Le propriétaire paie tous les impôts. L'usage qui consistait à fournir des poulets, du beurre et du fromage, en sus du prix du bail, tend tous les jours à disparaître.

Nous manquons de renseignements pour pouvoir préciser les autres conditions des baux de ce canton.

Les constatations que nous venons de faire, n'ont eu d'autre but, que de préciser les usages actuels, et nous ne voudrions pas qu'elles fussent un obstacle aux progrès de l'agriculture.

Les assolements sont encore vicieux, dans la Haute-Loire, et si l'on obligeait les fermiers à les suivre, on leur imposerait souvent l'obligation de mal faire. Ne pourrait-on pas, pour leur faciliter les moyens de modifier les assolements, édicter, dans un nouveau Code rural, que le fermier qui prend possession d'un domaine, a le droit de semer des fourrages artificiels, dans les céréales de son prédécesseur, partout où il le jugera nécessaire ?

§ 7

Tacite réconduction

Lorsque, à l'expiration d'un bail, le preneur est laissé en possession par le bailleur, la loi suppose que les deux parties ont eu l'intention de continuer la location, et il se forme entre elles un nouvel engagement par tacite réconduction.

Mais il peut arriver que l'intention des parties ne soit pas manifeste ; que le preneur jouisse quelque temps au-delà du terme du bail, sans avoir l'intention de le renouveler ; que le bailleur le laisse occuper, un certain temps, les lieux loués, sans qu'il entende consentir à un nouveau bail ; et que, dans ce conflit de prétentions contraires, il soit nécessaire de rechercher dans les faits la preuve de la manifestation de leurs volontés.

Bien que la loi ne renvoie pas, en ce point, aux usages, et qu'elle ne les impose pas aux juges, comme une règle dont ils ne puissent se départir, il est cependant habituel, que la jouissance, pendant un certain délai après l'expiration du bail, l'accomplissement de certains faits de culture, établissent la présomption la plus forte, qu'il y a eu concours tacite de volontés entre le preneur et le bailleur.

Ces deux éléments doivent se combiner l'un avec l'autre, en

tenant compte des circonstances, des usages et des lieux. Nous allons essayer de les préciser, autant qu'on peut le faire en semblable matière.

Les travaux de culture qui sont de nature à faire admettre la tacite réconduction, sont à peu près les mêmes dans tous les cantons du département.

Ce sont, en l'absence de toute opposition de la part du propriétaire, pour les biens ruraux : le labourage des terres exécuté par le fermier, après l'expiration du bail, si ce labourage devait être fait par son successeur ; ainsi, par exemple, si le bail expire le 25 septembre, et que le fermier dispose les terres pour recevoir les semences d'automne ; si le bail prend fin le 25 mars et qu'il mette les champs en état de recevoir les semences de printemps, on présumera facilement qu'il a suffisamment manifesté par là l'intention de continuer le bail à ferme.

Si le fermier ensemence des parcelles que son successeur devait ensemencer lui-même ; s'il transporte dans les champs ou dans les prairiesdes fumiers qu'il aurait dù laisser dans les bâtiments du domaine ; s'il répare les rigoles d'irrigation d'une manière plus complète qu'il ne devrait le faire, eu égard à l'époque de sa sortie, et si le propriétaire ne s'y est pas opposé, on devra tirer encore de ces faits une présomption favorable à la tacite réconduction.

Il en sera de même, pour le bail d'un champ isolé, si le fermier cultive la totalité ou une partie de cet héritage, alors qu'il devait les laisser incultes ; pour le bail d'une prairie, s'il y a transporté des fumiers, ouvert des rigoles, enlevé les taupinières, et si ces opérations ne devaient pas être faites par lui ; pour le bail d'une vigne, s'il a exécuté les premiers travaux de printemps.

Le temps pendant lequel le locataire ou le fermier sont en possession après l'expiration de la location ou du bail, doit être apprécié d'une manière plus ou moins rigoureuse, suivant le caractère ou les mœurs de chaque canton.

Nous ne pouvons indiquer que quelques exemples, que nous donnons comme un résultat des habitudes locales.

Dans les deux cantons du *Puy*, il est d'usage de ne pas ajouter une grande importance au temps, pendant lequel le fermier est, resté en possession d'un domaine , après l'expiration du bail, si sa jouissance n'est pas accompagnée des faits de culture que nous avons relevés.

Dans ces mêmes cantons, il est général d'admettre la tacite réconduction, si le locataire d'une maison continue sa jouissance, sans que le propriétaire ait fait des démarches pour le faire sortir, pendant huit jours pour un loyer inférieur à 400 francs, pendant quinze jours pour une location supérieure.

Dans le canton de *Fay*, il arrive très-souvent que le mauvais temps met obstacle à la sortie du fermier ; on ne peut donc, en général, tirer une conséquence bien grave du délai qui s'est écoulé depuis la fin du bail.

Dans les cantons de *la Chaise-Dieu*, de *Pinols*, on ne doit guère attacher d'importance à ce délai, que s'il a été d'un mois pour une exploitation rurale ou pour une maison. Il en est de même à *Loudes*, à *Saint-Paulien*, pour un bail à ferme ; mais quinze jours de prolongation de jouissance, dans une maison, semblent suffire pour faire croire à la tacite réconduction.

L'habitude de donner congé pour toute espèce de baux, même lorsque leur durée est déterminée, est tellement générale dans les cantons de *Blesle*, de *Cayres*, de *Langeac*, du *Monastier*, et de *Saugues*, que la jouissance, la plus courte, d'un fermier ou d'un locataire, après l'expiration d'un bail, sans qu'il ait reçu congé, autorise à penser que ce bail s'est continué par tacite réconduction.

Il en est de même dans le canton de *Brioude* et dans celui d'*Auzon*.

A *Allègre* et à *Tence*, si le locataire d'une maison continue sa ouissance pendant huit jours après l'expiration du bail, on doit supposer que la location a été renouvelée d'un commun accord.

Dans le canton de *Bas* le fait seul de la jouissance sans manifestation, ostensible de l'abandonner, suffit pour faire présumer qu'il y a tacite réconduction.

Dans le canton de *Montfaucon*, il est d'usage que le locataire d'une maison ou d'une partie de maison, ou le fermier d'un domaine déménage de manière à pouvoir prendre possession de son nouveau domicile le 25 mars ou les jours suivants ; le mois de mars expiré, si le déménagement n'a pas commencé, et si, de son côté le propriétaire n'a fait aucun acte pour manifester une intention contraire, on suppose qu'ils ont voulu continuer l'ancien bail.

Les faits que nous avons pu recueillir, pour les autres cantons ne sont pas assez précis pour pouvoir consacrer un usage sur ce point.

§ 8

Surface exploitée à l'aide d'une paire de vaches ou de bœufs

La transformation que subirait une grande partie du sol du département de la Haute-Loire, sous l'influence de bonnes institutions agricoles, et les changements qu'elles amèneraient dans le
nombre des animaux employés à la culture des terres, nous a conduit à rechercher, quel est, actuellement, le nombre de têtes de
bêtes à cornes, qui est employé dans une exploitation agricole, com-
posée de terres arables, de prairies, de pâtures ou de guérets, sans
tenir compte ni du travail des chevaux, qui ne sont nulle part employés d'une manière sérieuse au labourage, ni des troupeaux de
moutons, dont les fumiers sont utilisés, ni des porcs, ni des mules.

Voici les données, aussi exactes qu'il est permis de les espérer,
sur un point où la diversité des terrains et les conditions variables
dans lesquelles ils se trouvent, exercent une très-grande influence ;
elles peuvent être utiles pour résoudre certaines difficultés que
peut présenter l'exécution des baux.

Allègre. — On emploie, en général, 1 paire de bœufs et 8 vaches, pour une exploitation de 15 à 20 hectares.

Auzon. — Idem.

Bas. — Le propriétaire de 1 paire de vaches possède, d'ordinaire, une exploitation de 5 hectares.

Dans les exploitations de 40 à 45 hectares, on y emploie, en général, 8 ou 10 vaches et 1 paire de bœufs.

Blesle. — 1 paire de vaches suffit à la culture d'un petit domaine de 7 hectares. Pour cultiver convenablement un domaine de 10 hectares, on emploie, en général, 1 paire de bœufs et 4 vaches.

Brioude. — 1 paire de bœufs ou de vaches suffit, en général, pour cultiver 20 hectares de terres à mi-côte, tandis que, dans les bons terrains, elle n'exploite guère que 10 hectares. Cette indication est donnée, sans tenir compte des animaux supplémentaires que nécessite la culture dans les moments pressés.

Cayres. — 1 paire de vaches exploite 12 hectares ; un domaine qui possède 1 paire de bœufs et 6 vaches est d'une étendue de 20 à 22 hectares.

Craponne. — 2 vaches exploitent en moyenne 4 hectares ; pour cultiver un domaine de 30 à 40 hectares, on emploie, en général, 1 paire de bœufs et 8 vaches.

Chaise-Dieu (la). — L'étendue d'un domaine cultivé par 1 paire de vaches est, en moyenne, de 20 hectares ; s'il en a 30, on emploie en général, 1 paire de bœufs et 6 vaches.

Fay-le-Froid. — Les cultivateurs de ce canton se livrent presque exclusivement à l'élevage des bestiaux ; la culture des céréales n'étant qu'accessoire, il est difficile de déterminer quel est le rapport qui existe entre une surface cultivée et les bestiaux employés à sa culture ; et l'on comprend que moins un domaine renferme de terres labourables, plus les bestiaux y sont relativement nombreux.

Langeac. — La variété des terrains rend l'appréciation fort difficile dans ce canton ; on peut cependant dire, en moyenne, que chaque paire de vaches fait valoir une exploitation de 15 hectares, et 1 paire de bœufs et 4 vaches une exploitation de 20 hectares.

Lavoute-Chilhac. — Celui qui possède 1 paire de vaches est propriétaire, en moyenne, d'un domaine de 10 à 15 hectares ; celui qui occupe 1 paire de bœufs et 4 vaches, l'est d'un domaine de 15 à 20 hectares.

Loudes. — L'étendue d'un domaine exploité par 1 paire de vaches est de 7 hectares ; par 1 paire de bœufs et 6 vaches, de 18 hectares.

Monastier (le). — 2 vaches font valoir 10 hectares ; 2 bœufs et 4 vaches, 20 hectares.

Monistrol...
Montfaucon.} 1 paire de bœufs n'est employée, dans ces 2 cantons, que pour les domaines au-dessus de 20 hectares, qui comptent déjà 6 ou 8 vaches ; au-dessous de cette étendue, on n'emploie guère que des vaches ; chaque paire de vaches cultive 4 à 5 hectares.

Paulhaguet.
Pradelles...} L'étendue cultivée à l'aide de 1 paire de vaches ou de bœufs varie tellement dans ces 2 cantons, suivant la nature et la qualité des terrains, qu'on ne peut rien préciser.

Pinols. — 1 paire de vaches cultive, en général, un domaine de 6 hectares ; 1 paire de bœufs et 4 vaches, un domaine de 25 hectares.

Le Puy. — Dans les 2 cantons du Puy, on emploie, en général, à la culture des terres, 1 paire de vaches par 5 hectares, et 1 paire de bœufs par 7 hectares.

Saugues. — Le travail de 1 paire de bœufs fait valoir un domaine qui contient de 10 à 15 hectares de terres labourables ou de prairies ; 1 paire de vaches peut faire valoir une surface inférieure à 10 hectares.

Saint-Didier. — Chaque paire de vaches cultive environ une exploitation de 5 hectares ; 1 paire de bœufs et 6 vaches sont nécessaires dans une exploitation de 15 hectares.

Saint-Julien-Chapteuil. — On compte, en général, 1 paire de bœufs ou de vaches, par exploitation de 10 à 15 hectares.

Saint-Paulien. — Les exploitations de 6 hectares et au-dessous ne sont cultivées qu'à l'aide d'une paire de vaches ; pour une exploitation de 30 hectares on emploie, en général, 1 paire de bœufs et plusieurs vaches.

Solignac. — L'étendue d'une exploitation dans ce canton est de 4 hectares pour 1 paire de vaches ; de 18 à 20 hectares pour 1 paire de bœufs et 4 vaches qu'on emploie au labourage.

Tence......
Yssingeaux. } Les bœufs ne sont pas employés, dans ces deux cantons, à la culture des terres ; on cultive, en général, 3 hectares par paire de vaches.

Vorey. — A l'aide d'une paire de vaches, on cultive, en général, une ferme de 5 hectares ; avec 1 paire de bœufs et 4 vaches on en exploite une de 15 hectares.

§ 9

Chanvre. — Lin. — Colza. — Sarclage des blés

Les modifications que les progrès de l'industrie et de l'agriculture peuvent produire dans la culture de certaines céréales, telles que le chanvre, le lin, le colza ; l'emploi plus général que l'on peut espérer de mesures administratives, pour développer le sarclage des blés et encourager l'emploi d'un bon outillage agricole, nous ont conduit à constater les faits suivants :

CHANVRE. — LIN. — COLZA. — Dans les cantons de *la Chaise-Dieu, Fay, Montfaucon, Pinols, Pradelles, le Puy, Solignac, Saint-Didier, Tence*, on ne cultive ni chanvre, ni lin, ni colza.

A *Craponne, le Monastier, Monistrol, Saint-Julien*, on cultive du colza en très-petite quantité; il n'y a ni chanvre, ni lin.

Saugues ne produit ni lin, ni colza; on y trouve du chanvre, mais en très-petite quantité.

La culture du lin n'est pas connue dans les cantons d'*Allègre, Loudes, Vorey*, et c'est exceptionnellement et en très-petite quantité qu'on y cultive le chanvre et le colza.

A *Bas, Langeac, Yssingeaux*, on ne cultive pas du lin; le chanvre s'y trouve en petite quantité, mais on y cultive le colza.

Dans plusieurs communes du canton de *Cayres* on cultive le colza.

Blesle ne produit pas de lin, mais on y cultive du chanvre et du colza; il en est de même dans le canton de *Brioude*, où le chanvre est un produit important.

A *Lavoûte-Chilhac*, la culture du lin et du colza n'est pas connue, mais on y récolte du chanvre.

A *Auzon* et *Saint-Paulien*, on cultive du chanvre, du lin et du colza, mais en très-petite quantité. On récolte du chanvre en assez grande abondance dans les communes d'*Auzon* d'*Azerat, Vergongheon, Vézézoux*, qui dépendent du canton d'*Auzon*.

On ne cultive pas de lin et très-peu de colza dans le canton de *Paulhaguet*, mais le chanvre est cultivé sur une plus grande échelle, surtout dans les communes de *Paulhaguet, Chassagne, Mazerat-Aurouze, Couteuges, Salzuit, Domeyrat*.

SARCLAGE DES BLÉS. — On ne sarcle aucuns blés dans les cantons de *Craponne*, *Fay-le-Froid*, *le Monastier*, *Montfaucon*, *Pinols*, *Pradelles*, *Saugues*, *Saint-Julien*, *Tence*, *Yssingeaux*.

Au contraire, tous les blés sont sarclés dans les cantons de *Brioude*, *Langeac*, *Paulhaguet*.

Très-peu le sont dans le canton de *Vorey*.

On est dans l'usage de ne jamais sarcler les blés d'hiver et de sarcler avec soin ceux du printemps dans les cantons d'*Allègre*, *Auzon*, *Blesle*, *la Chaise-Dieu*, *Saint-Paulien*, *Solignac*.

A *Bas*, *Lavoûte-Chilhac*, *Monistrol*, *Saint-Didier*, on ne sarcle que les froments; au *Puy*, *Loudes*, les froments les méteils et les lentilles.

Dans tous les cantons, les ouvriers employés au sarclage sont payés par le fermier.

CHAPITRE X

RÉPARATIONS LOCATIVES

§ 1er

Afin de tarir la source d'une infinité de contestations, fondées sur des faits difficiles à vérifier, la loi a mis à la charge des locataires urbains certaines réparations qui proviennent habituellement de leur faute ; elle les a énumérées dans l'article 1754.

Ces réparations doivent toujours être faites par le locataire, à moins qu'elles ne soient le résultat de la vétusté ou de la force majeure. Mais, comme le législateur ne pouvait les indiquer d'une manière complète, il s'est borné à en préciser quelques-unes ; et, en outre des réparations indiquées par la loi, il a imposé aux locataires celles qui sont mises à sa charge par les usages.

Relativement aux héritages ruraux, le législateur n'a pas cru devoir déterminer quelles sont les réparations dont le fermier est tenu ; il s'en est, sur ce point, exclusivement rapporté à l'usage.

10

Nous allons donc rechercher quels sont, dans ce département, les réparations autres que celles indiquées par la loi, que l'usage met à la charge des locataires ou des fermiers, en mentionnant, qu'indépendamment de ces réparations, qui sont une charge de leur jouissance, ils sont, en outre, les uns et les autres, responsables de toutes les réparations rendues nécessaires par leur faute ou par leurs abus.

§ 2

Maisons d'habitation et Fermes

MAISONS

Dans les cantons d'*Allègre*, de *Blesle*, de *Brioude*, de *Cayres*, de *Craponne*, de *Saint-Didier*, de *Langeac*, de *Lavoûte*, de la *Chaise-Dieu*, de *Montfaucon*, de *Monistrol*, de *Pradelles*, de *Paulhaguet*, de *Saint-Julien-Chapteuil*, de *Saint-Paulien*, de *Tence* et de *Vorey*, le locataire urbain n'est tenu que des réparations locatives énumérées dans l'article 1754.

Dans ceux d'*Auzon*, de *Bas*, du *Puy*, de *Solignac*, de *Saugues*, du *Monastier*, il est en outre tenu du ramonage ; dans le canton de *Loudes*, il doit, en outre, faire ramoner les cheminées, entretenir les poulies des puits.

A *Pinols*, il est tenu du ramonage et de faire remettre en place les tuiles dérangées par les vents, afin d'éviter l'infiltration des eaux sur le toit.

Dans les cantons de *Loudes, Montfaucon, St-Didier, Solignac, Vorey*, le locataire est ordinairement tenu de nettoyer les fosses d'aisance, mais quelle que soit la force de cet usage, devant les dispositions formelles de l'article 1756, on ne saurait le déclarer obligatoire à moins de stipulation formelle.

Dans les cantons d'*Allègre, Bas, St-Didier, Langeac, St-Paulien, Monistrol,* la *Chaise-Dieu, Vorey,* le fermier d'un bien rural est tenu d'entretenir les toits; mais les matériaux sont fournis par le propriétaire.

A *Blesle,* à *Pradelles,* au *Puy,* à *Solignac,* l'entretien des toits est à la charge des propriétaires.

L'entretien de la toiture des maisons de ferme est imposée aux propriétaires dans le canton du *Monastier,* mais le fermier est tenu par l'usage de nourrir les ouvriers employés à cette réparation. Si la toiture est en chaume, la paille doit, en outre, être fournie par le fermier.

Dans le canton de *Fay,* si la ferme est couverte en chaume, le fermier est obligé par l'usage à remplacer annuellement, avec la paille du domaine, celle du toit qui ne peut plus servir. Cette réparation se fait en général d'une manière complète tous les cinq ans; elle a lieu partiellement chaque année, lorsqu'un ou plusieurs *cloissons* ont été enlevés par les tempêtes si communes dans cette contrée. Si le toit est en pierres *(lauzes)*, ce genre de toiture étant très-coûteux, le plus souvent très-bien soigné, et exigeant un travail minutieux, son entretien est à la charge du propriétaire; le fermier n'est obligé qu'à remettre en place les *lauzes* que la violence des vents a arrachées ou déplacées. Dans presque tous les domaines, il existe des *lauzes* de rechange, destinées à remplacer celles qui se brisent; le fermier doit puiser dans cet approvisionnement; mais il n'est jamais tenu d'en fournir lui-même.

§ 3

Les réparations à faire aux *pavés des cours et des écuries* sont à la charge des propriétaires dans les cantons d'*Allègre*, de *Cayres*, de la *Chaise-Dieu*, de *Loudes*, de *Lavoûte*, de *Montfaucon*, du *Monastier*, de *Paulhaguet*, de *Pradelles*, du *Puy*, de *St-Didier*, de *Tence*, de *Solignac*, de *Vorey;* il en est de même à *St-Paulien*, où l'usage oblige les fermiers à transporter à la ferme les matériaux nécessaires à ces réparations. A *Bas*, indépendamment de cette obligation, l'usage oblige le fermier à nourrir les ouvriers employés à la réparation.

Dans le canton de *Pinols*, le fermier doit laisser le pavé des cours et des écuries dans l'état où il les a reçus; son entretien est à la charge du fermier dans le canton de *Blesle*.

A *Fay,* la place des bêtes à cornes à l'écurie, est, en général, garnie d'un plancher d'une grande épaisseur; sa réparation n'a lieu qu'à de longs intervalles, et comme elle entraîne une dépense importante, elle n'incombe pas au fermier.

§ 4

Les *fontaines* qui dépendent d'une ferme sont entretenues par le propriétaire, dans les cantons de *Bas*, de *Langeac*, de *Lavoûte*, du *Monastier*, de *St-Didier*, de *St-Paulien*, du *Puy*, de *Tence*, de *Solignac*; il en est de même à *Vorey*, mais le fermier doit aider le propriétaire à faire les réparations, en lui fournissant les manœuvres qui sont nécessaires.

A *Montfaucon,* le fermier est tenu de nettoyer le canal de la fontaine si elle coule à ciel ouvert, mais lorsque les eaux sont amenées, au moyen d'un conduit, le propriétaire est chargé de son entretien.

Dans les cantons de *Fay,* de la *Chaise-Dieu,* de *Loudes,* de *Paulhaguet,* de *Pinols,* de *Pradelles,* le fermier est tenu par l'usage de faire au canal de la fontaine, les réparations nécessaires pour qu'elle soit toujours en bon état, pourvu qu'il n'y ait pas de fournitures à faire.

Mentionnons en passant que, dans quelques localités, et par exemple dans la commune de *Polignac,* on afferme, au profit des villages, les places des abreuvoirs, où, pendant une partie de l'année, on ramasse un fumier précieux.

§ 5

CRÈCHES ET MANGEOIRES

L'usage met la réparation des *crèches et des mangeoires* à la charge des propriétaires dans les cantons d'*Allègre,* de *Cayres,* de la *Chaise-Dieu,* de *Lavoûte,* de *Loudes,* du *Monastier,* de *Paulhaguet,* du *Puy,* de *St-Didier,* de *Pradelles,* de *Solignac,* de *Tence,* de *Vorey*; il en est de même à *St-Paulien,* où le transport des matériaux nécessaires à cette réparation doit être fait par le fermier, et à *Bas* où, en outre du transport des matériaux, le fermier doit nourrir les ouvriers employés aux réparations.

C'est encore le propriétaire qui est tenu de réparer les crèches et les mangeoires dans le canton de *Fay,* à l'exception des cas où les bestiaux, en se débattant, font tomber les pieux ou les fiches

qui fixent les crèches ou les râteliers, le fermier doit alors remet
tre les choses dans leur premier état.

A *Auzon*, à *Blesle*, et à *Langeac*, le fermier est tenu de l'entretien des crèches et des mangeoires; il en est de même à *Saugues*
et à *Pinols*, où l'usage l'astreint à les laisser dans l'état où il les a
reçues.

§ 6

AIRES A BATTRE

L'aire à battre les grains est exclusivement réparée par le propriétaire, dans les cantons d'*Allègre*, de *Cayres*, de *Fay*, de la
Chaise-Dieu, de *Loudes*, du *Monastier*, du *Puy*, de *Pradelles*,
de *St-Paulien*, de *Solignac*, de *St-Didier*, de *Tence*, de *Vorey*; il
en est de même à *Bas*, mais le fermier est tenu, par l'usage, du
transport des matériaux et de la nourriture des ouvriers employés aux réparations.

A *Blesle* et à *Langeac*, l'aire à battre, qui est en terre battue,
doit être entretenue par le fermier.

Dans la partie basse du canton de *Paulhaguet*, on bat sur le sol
durci et préparé; le fermier doit l'entretenir. Dans la partie mon-
tagneuse, on bat dans les granges, et le fermier est tenu d'entretenir l'aire à battre, à moins que les planches ne soient détério-
rées par l'usage ordinaire ou par la vétusté; dans ce cas, le
propriétaire doit fournir le bois pour la réparer.

A *Pinols*, le fermier est tenu de rendre l'aire à battre dans l'état
où il l'a reçue.

§ 7

Moulins.

Il est d'usage dans les cantons d'*Allègre*, d'*Auzon*, de la *Chaise-Dieu*, de *Lavoûte*, de *Pradelies*, du *Puy*, de *Saint-Paulien*, de *Sauques*, de *Solignac*, que le locataire doit entretenir les vannes, les tournants, les tourillons, la boîte qui recouvre les meules, la caisse servant à la transmission des grains sous les meules, la caisse à recevoir les farines, les câbles destinés à lever les meules supérieures, les ustensiles de meunerie.

Indépendamment des objets ci-dessus, s'il s'agit de moulins à transmission de mouvements ou moulins mécaniques dans les cantons de *Blesle, Langeac, Lavoûte, Le Puy, Pradelles, Saint-Paulien, Solignac*, on comprend encore dans les réparations locatives : les soies des blutoirs, les toiles préservant les bluteries de la poussière, les courroies des chaînes à godets ou autres, les poches à recevoir les grains, les cordages et câbles, le plancher de la roue hydraulique, les dentures en bois des divers engrenages.

A *Brioude* les meuniers doivent laisser les moulins dans l'état où ils les ont pris.

A *Langeac* il est encore d'usage, à l'entrée du preneur, de mesurer l'épaisseur des meules; à sa sortie, il est tenu de payer la valeur de ce qui a été usé.

Dans les cantons de *Cayres*, de *Tence*, l'entretien des vannes, tournants et tourillons est à la charge du propriétaire; le meunier doit seulement entretenir les ustensiles de meunerie.

A *Paulhaguet* on stipule, en général, que les choses seront remises par le preneur dans l'état où il les a trouvées.

Il n'existe pas d'usage sur ce point dans les cantons de *Bas*, de *Saint-Didier*, de *Vorey*.

Dans le canton du *Monastier* toutes les réparations d'entretien sont à la charge du propriétaire, mais le fermier est tenu de nourrir les ouvriers qu'elles nécessitent.

Les renseignements nous manquent pour les autres cantons.

L'entretien du bief du moulin, le repiquage des meules sont partout à la charge du preneur.

§ 8

Fours et Boulangeries

Dans le canton d'*Allègre*, le locataire est tenu d'entretenir le four et les ustensiles de Boulangerie, il doit aussi faire ramoner la cheminée.

A *Blesle*, à *Pinols*, il n'y a pas de fours affermés.

Aucun usage spécial n'existe dans les cantons d'*Auzon*, de *Bas*, de *Lavoûte*, de *Langeac*, de *Paulhaguet*, de *la Chaise-Dieu*, de *Pradelles* et de *Saugues*; dans les trois derniers cantons que nous venons d'indiquer, le locataire doit laisser les lieux dans l'état où ils étaient quand il en a pris possession.

A *Auzon*, le locataire est tenu de l'entretien de l'intérieur du four.

Dans le canton de *Fay*, il n'existe aucun usage relatif aux réparations locatives des fours affectés à l'industrie de la boulangerie, on n'en compte que quatre dans ce canton, le plus souvent, les boulangers les construisent eux-mêmes et les entretiennent à leurs frais; à la fin du bail, ils en emportent les matériaux, ou les laissent, suivant les conventions qu'ils ont faites avec le propriétaire. Quant aux fours qui font partie des maisons de ferme, le fermier est tenu d'entretenir la porte, de remplacer les dalles du *plan* (pavé intérieur), lorsqu'elles éclatent ou se fendillent. L'entretien de la voûte est à la charge du propriétaire.

A *Solignac*, il n'y a que trois boulangeries, elles sont exploitées par les propriétaires.

Dans le canton de *Loudes*, en l'absence de toute convention contraire, l'usage met à la charge du locataire l'entretien du four, de sa cheminée, de sa porte et des objets mobiliers laissés par le propriétaire pour l'exploitation de la boulangerie.

Dans le canton du *Monastier*, les réparations du four sont à la charge du propriétaire.

Dans les deux cantons du *Puy*, l'entretien de l'intérieur aussi bien que de l'extérieur du four, celui de la cheminée, les réparations à faire au pétrin, doivent être faites par le propriétaire. Les étouffoirs, les grands chaudrons, appelés *coucoumards*, les pelles, les corbeilles (paillas), le fourgon doivent être rendus par le locataire tels qu'il les a reçus, par conséquent il doit les entretenir.

Dans le canton de *Montfaucon*, on est dans l'usage de dresser un état des ustensiles de boulangerie. Le locataire doit les rendre tels qu'il les a reçus ; à défaut d'inventaire, il est censé les avoir reçus en bon état. Le locataire est encore tenu, dans ce canton, d'entretenir l'intérieur du four ; la cheminée et l'extérieur sont à la charge du propriétaire.

A *Vorey*, les menues réparations sont faites à frais communs.

Pas de renseignements pour les autres cantons.

§ 9

Forges.

Il n'y a d'autres forges dans les cantons de *Blesle*, de *Fay*, de *Solignac*, que celles des maréchaux ferrants ou petits serruriers; elles sont toujours construites par eux et entretenues à leurs frais.

A *Allègre*, l'entretien de la forge est à la charge du locataire, il doit en faire ramoner la cheminée; si les outils de la forge appartiennent au propriétaire, il est d'usage de les peser et de les compter, pour que le locataire les rende en nature et du même poids.

A *Loudes*, le locataire est tenu de toutes les menues réparations à faire à la forge.

A *Vorey*, elles sont faites à frais communs.

Dans les deux cantons du *Puy*, indépendamment des réparations locatives ordinaires, le locataire d'une forge est tenu par l'usage d'entretenir la calotte et le soufflet.

A la *Chaise-Dieu, Pradelles, Saugues,* le locataire d'une forge doit la rendre dans l'état où il l'a prise.

A *Pinols* il n'existe pas de baux pour les forges.

Dans le canton du *Monastier*, les réparations sont à la charge du propriétaire, il n'existe pas d'usage sur ce point dans le canton de *Bas*.

Nous manquons de renseignements pour les autres cantons.

§ 10

Fours à chaux. — Brasseries

Dans les deux cantons du *Puy*, il est d'usage que l'entretien des fours à chaux et à plâtre est à la charge du preneur, il doit laisser les fours dans l'état où il les a pris.

Il est encore d'usage que le fermier des carrières à chaux et à plâtre, ne peut, à la fin du bail, enlever les bois qu'il a employés à étayer les galeries qu'il a ouvertes, sans en prévenir le propriétaire, qui a le droit de les garder en les payant d'après une estimation régulière.

Dans ces mêmes cantons, le fermier d'une brasserie est tenu d'entretenir, avec soin, tous les ustensiles de l'usine, tels que bacs, chaudières, fourneaux, tonneaux, etc.

CHAPITRE XI

ÉPOQUE ORDINAIRE DE LA MATURITÉ DES FRUITS

Des motifs d'ordre public, que nous n'avons pas à examiner ici, ont déterminé le législateur à ne permettre la saisie des récoltes ou des produits de la terre qui ne sont pas encore détachés du sol, qu'à une époque voisine de leur maturité; sous l'ancien droit cette époque était déterminée par les usages locaux ; aujourd'hui elle est fixée par le Code à six semaines avant cette maturité.

Or, comme les produits de la terre mûrissent d'une manière très-irrégulière, suivant les espèces, les variétés, les sols et les climats, que des difficultés naissent chaque jour sur ce point, il nous a paru utile de constater quelle est l'époque ordinaire de la maturité des produits les plus répandus sur la surface de ce département.

Les renseignements que nous avons recueillis, ne peuvent être d'une exactitude complète, bien qu'ils soient le résultat d'une moyenne, dans la maturité des récoltes des dix dernières années, et qu'ils aient été fixés en négligeant les récoltes qui sont exceptionnellement précoces ou exceptionnellement retardées dans chaque canton.

Le tableau où nous allons consigner nos observations sur ce point, indique aussi quels sont les produits de chaque canton.

TABLEAU indiquant l'époque ordinaire de la

	FROMENT.	SEIGLE.	ORGE.	AVOINE.	FOIN.	LUZERNE.
ALLÈGRE	15 août.	5 août.	10 août.	20 août.	10 juillet.	Il n'y en a pas.
AUZON.......	18 juillet.	8 juillet.	31 juillet.	31 août.	25 juin.	ε juin.
BAS .... ··	15 juillet.	25 juillet.	20 juillet.	10 août.	30 juin.	15 juin.
BLESLE......	15 juillet.	30 juillet.	1er août.	15 août.	25 Juin.	Rien de précis.
BRIOUDE.....	25 juillet.	15 juillet.	30 juillet.	10 août.	25 juin.	1er juin.
CAYRES......	20 août.	10 août.	20 août.	30 août.	15 juillet.	30 juin.
CRAPONNE ...	15 août.	5 août.	10 août.	20 août.	10 juillet.	Il n'y en a pas.
CHAISE-DIEU.	On n'en cultive pas.	8 août.	On en fait peu.	30 août.	15 juillet.	Il n'y en a pas.
FAY-LE-FROID.	Il n'y en a presque pas.	30 août.	15 septemb.	25 septemb.	30 juillet.	Il n'y en a pas.
LANGEAC.....	15 juillet.	15 juillet.	15 juillet.	30 juillet.	25 juin.	Fin mai.
LAVOUTE-CH..	20 juillet.	12 juillet.	20 juillet.	27 juillet.	24 juin.	15 juin.
LOUDES......	5 août.	25 juillet.	8 août.	15 août.	29 juin.	Il n'y en a pas.
LE MONASTIER	Il en a peu	5 août.	20 août.	20 août.	10 juillet.	Il n'y en a pas.
MONISTROL..	20 juillet.	15 juillet.	20 juillet.	30 juillet.	25 juin.	Il y en a peu
MONTFAUCON.	Pas de renseignem¹	5 août.	Il n'y en a pas.	30 août.	5 juillet.	Il n'y en a pas.
PAULHAGUET.	20 juillet.	10 août.	15 juillet.	10 août.	10 juillet.	Il n'y en a pas.
LE PUY.....	30 juillet.	25 juillet.	25 juillet.	10 août.	30 juin.	25 mai, 1re coupe.
PINOLS......	On n'en cultive pas.	10 août.	1er septemb.	10 septemb.	10 juillet.	Il n'y en a pas.
PRADELLES ..	On n'en cultive pas.	5 août.	15 août.	30 août.	10 juillet.	Il n'y en a pas.
SAUGUES.....	Il n'y en a pas.	10 août.	Très-peu. 14 août.	25 août.	10 juillet.	Il n'y en a pas.
SOLIGNAC. ..	10 août.	20 juillet.	10 août.	15 août.	30 juin.	N'est pas cultivée.
SAINT-DIDIER	15 juillet, est rare.	1er août.	N'est pas cultivé.	15 août.	5 juillet.	N'est pas cultivée.
S.-JULIEN-CH.	10 août.	1er août.	25 août.	30 août.	5 juillet.	N'est pas cultivée.
ST-PAULIEN..	10 août.	20 juillet.	10 août.	30 août.	8 juillet.	15 mai.
TENCE.......	Très-rare.	1er août.	15 août.	30 août.	15 juillet.	Il n'y en a pas.
VOREY.......	20 juillet.	15 juillet.	25 juillet.	10 août.	30 juin.	8 juin.
YSSINGEAUX..	Très-rare.	1er août.	25 août. rare.	30 août.	8 juillet.	Il n'y en a pas.

maturité des récoltes dans la Haute-Loire.

TRÈFLE.	VIGNES.	LENTILLES.	POIS.	FÈVES.	POMMES DE TERRE	CHANVRE.	COLZA.
15 juin.	Il n'y en a pas.	10 août. Rares.	15 septemb Rares.	Il n'y en a pas.	15 octobr.	Il n'y en a pas.	Il n'y en a pas.
5 juin.	Mi-octobre	On n'en cultive pas	Mi-juillet.	Mi-août.	15 octobr.	Mi-août, mi-septem.	30 juin.
15 juin.	8 octobre.	On n'en cultive pas	15 septemb	On n'en cultive pas	15 octobr.	5 août.	3 juillet.
Rien de précis.	25 octobre.	Très-rares.	Fin juillet.	15 août.	30 octobr.	Fin août et fin sept.	30 juin.
1er juin.	15 octobre	On n'en cultive pas	Juin.	Fin juillet.	1er octob.	15 août. 15 septemb	20 juin.
30 juin.	Il n'y en a pas.	N'y sont pas cultiv.	Mi-sept.	N'y sont pas cultiv.	15 octobr.	N'y est pas cultivé.	15 juillet. Très-rares.
Il y en a peu.	Il n'y en a pas.	Il n'y en a pas.	Il n'y en a pas.	Il n'y en a pas.	20 octobr.	Il n'y en a pas.	Il n'y en a pas.
Il n'y en a pas.	Il n'y en a pas.	On n'en cultive pas	Il n'y en a pas.	On n'en cultive pas	15 octobr.	On n'en cultive pas	On n'en cultive pas
Il n'y en a pas.	Il n'y en a pas.	Il n'y en a pas.	On n'en cultive pas	On n'en cultive pas	15 octobr.	Il n'y en a pas.	Il n'y en a pas.
Fin mai.	15 octobre.	N'y sont pas cultiv.	Mi-sept.	en août.	15 octobr.	Mi-août et mi-sept.	Fin juin.
15 juin.	5 octobre.	Il n'y en a pas.	Il n'y en a pas.	28 août.	15 octobr.	12 août et 12 sept.	On n'en cultive pas
5 juillet.	Il n'y en a pas.	15 juillet.	15 août.	Il y en a peu.	15 octobr.	Il n'y en a pas.	Il n'y en a pas.
1er juillet.	Il n'y en a pas.	Sont très-peu cultiv.	25 septemb	Sont très-rares.	15 octobr.	Il n'y en a pas.	15 juillet. Rare.
Il y en a peu.	Rares. 20 octobre.	On n'en cultive pa	On n'en cultive pas	On n'en cultive pas	10 octobr.	Il n'y en a pas.	30 juin. Rare.
Il y en a peu.	Il n'y en a pas.	Il n'y en a pas.	Il n'y en a pas.	Il n'y en a pas	15 octobr.	Il n'y en a pas.	Il n'y en a pas.
30 juin.	20 octobre.	On n'en cultive pas	On n'en cultive pas	Époque incertaine.	15 octobr.	Très-rares.	10 juillet
30 juin.	20 octobre.	30 juillet.	10 août. Rares.	10 août.	10 octobr.	Il n'y en a presq. pas	Très-rare.
Il n'y en a pas.	20 octobre.	Il n'y en a pas.	Il n'y en a pas.	Il n'y en a pas.	15 octobr.	Il n'y en a pas.	Il n'y en a pas.
Il y en a peu.	Il n'y en a pas.	On n'en cultive pas	15 octobre.	Il n'y en a pas.	15 octobr.	Il n'y en a pas.	Il n'y en a pas.
Il y en a très-peu.	Il n'y en a pas.	Il n'y en a pas.	Il n'y en a pas.	Il n'y en a pas.	15 octobr.	Il n'y en a pas.	Il n'y en a pas
30 juin.	15 octobre à Cussac.	10 juillet.	20 août.	10 août. Rares.	15 octobr.	Il n'y en a pas.	Il n'y en a pas.
N'est pas cultivé.	10 octobre.	Ne sont pas cultiv.	Non cultiv.	Non cultiv.	15 octobr.	Il n'y en a pas.	Il n'y en a pas.
N'est pas cultivé.	Il n'y en a pas	Rares.	Non cultiv.	Non cultiv.	15 octobr	Non cultiv.	Non cultiv.
25 mai.	15 octobre. Rares.	30 juillet.	10 septemb	10 août.	20 octobr.	Presq. pas cultivé.	Non cultiv
Il n'y en a pas.	Il n'y en a pas.	Il n'y en a pas.	Il n'y en a pas.	Il n'y en a pas.	15 octobr.	Il n'y en a pas.	Il n'y en a pas.
8 juin.	10 octobre.	1er août.	10 août. Rares.	4 août. Très-rares.	10 novem.	Il n'y en a pas.	1er juillet. Rare.
Il n'y en a pas.	Il n'y en a pas.	Il n'y en a pas.	Très-rares.	Il n'y en a pas.	15 octobr.	Il n'y en a pas.	Très-rare.

CHAPITRE XII

GLANAGE. — RATELAGE. — GRAPPILLAGE

En faisant un nouveau Code rural, devra-t-on maintenir dans la législation les dispositions qui nous régissent aujourd'hui en cette matière ?

Ne considérera-t-on pas comme des besoins surannés et sans aucune utilité, à notre époque, le droit que la vieille législation française avait consacré, en faveur des gens *viels ou débilités de membres*, aux petits enfants ou autres personnes, qui n'ont *ni pouvoir ni force de foyer*, de ramasser dans les champs les épis échappés aux moissonneurs, de s'approprier avec le râteau, dans les prairies, les brins d'herbes négligés par les travailleurs, et de cueillir dans les vignes les grappes de raisins, laissées après la vendange.

De nos jours, où le temps est le capital le plus précieux, où l'activité toujours croissante du cultivateur retire du sol morcelé

11

des produits si riches et si variés, sera-t-il profitable, même pour
les pauvres, les étrangers, les veuves et les orphelins, dans l'intérêt desquels le Deutéronome l'avait prescrite, de conserver cette
restriction du droit de propriété, écrit dans la loi de 1791 : que
dans les pays où le glanage est consacré par l'usage, le propriétaire lui-même ne peut, encore aujourd'hui, sans s'exposer à des
peines de police, mener son troupeau dans ses champs moissonnés
et ouverts que deux jours après la récolte entière ?

Nous ne le croyons pas et nous espérons que lorsque la mendicité
disparaît de nos campagnes, quand la vieillesse et l'infirmité sont
secourues sous tant de formes; que le travail afflue de tous côtés
pour ceux qui en manquaient, nos législateurs penseront que les
pauvres sont plus intéressés que tous autres à la richesse générale et
qu'ils effaceront jusqu'aux derniers vestiges de ces bandes pares-
seuses et vagabondes qui, sous le fallacieux prétexte de l'exercice
du droit à la charité, fouillaient les javelles, éventraient les feniers,
dévastaient les vignes et provoquaient, de la part de nos Cours de
justice, des arrêts qui les frappaient du carcan, de la marque ou
du bannissement.

Voici, au surplus, quels sont les usages sur ce point, dans la
Haute-Loire :

Allègre. — *La Chaise-Dieu.* — *Saugues.* — Il est d'usage de glaner, dans ces cantons, dès que les gerbes sont levées et mises en
meules, et de râteler dès que le foin est rentré. Dans le canton de
Saugues, ce dernier usage n'est connu qu'à Saugues même.

Il n'y a pas de vignes dans ces cantons.

Auzon. — Le glanage ne s'y pratique presque plus ; on n'y
connaît ni le râtelage ni le grappillage.

Craponne. — *Le Monastier*. — *Montfaucon*. — *Pradelles*. — *Saint-Paulien*. — Il n'est pas d'usage dans ces cantons de glaner ou de râteler ; il n'y a de vignes que dans le canton de *Saint-Paulien* ; le grappillage y est interdit.

Bas. — *Blesle*. — *Langeac*. — *Lavoûte-Chilhac*. — *Paulhaguet*. — *Pinols*. — Il n'y a guère que les enfants et les pauvres qui glanent râtellent et grappillent dans ces cantons ; ces usages ne s'exercent qu'après la confection des meules, l'enlèvement des foins et la rentrée des vendanges.

Brioude. — Aussitôt que le blé est en meules et que le foin est enlevé des prairies, il est permis de glaner et de râteler ; il n'existe sur ce point, aucune réglémentation.

Le grappillage est en usage dans ce canton, il est réglémenté par des arrêtés municipaux qui n'en permettent l'exercice que dix jours après que la vendange est terminée.

Cayres. — *Saint-Julien*. — *Fay-le-Froid*. — Le glanage est usité dans ces cantons dès que les gerbes sont en meules ; on n'y connaît pas le râtelage ; il n'y a pas de vignes.

Loudes. — *Monistrol*. — *Saint-Didier* — *Vorey*. — Le glanage est usité dans ces cantons ; il a lieu dès que les gerbes sont liées, on ne pratique ni le râtelage ni le grappillage, cependant le râtelage est toléré dans le canton de *Saint-Didier* dès que le foin est rentré.

Le Puy. — *Solignac*. — Les glaneurs peuvent entrer dans les champs dès que les meules sont faites ; le râtelage n'est par permis ; le grappillage est toléré dans les vignes non closes.

Tence. — *Yssingeaux.* — Le glanage a lieu dans ces cantons dès que les gerbes sont liées ; le râtelage, dès que le foin est enlevé des prairies ; il n'y a pas de vignes.

CHAPITRE XIII

ABEILLES

Nous n'avons à nous occuper des abeilles qu'au point de vue de
a propriété des essaims qui s'en échappent.

La loi de 1791 porte que le propriétaire d'un essaim a le droit
de le réclamer et de le ressaisir, tant qu'il n'a pas cessé de le
suivre ; ce principe, dont l'application ne soulève aucune difficulté,
nous paraît devoir être maintenu dans un nouveau Code rural.

Mais la même loi ajoute : que si l'on perd la suite d'un essaim
il appartient au propriétaire du terrain sur lequel il se fixe.
Cette disposition, qui paraît attribuer la propriété de l'essaim au
maître du sol sur lequel il s'abat, par cela seul qu'il est propriétaire, a soulevé une controverse à laquelle il est désirable que la
loi mette fin. Les uns ont dit : les abeilles qui ne sont pas suivies
par celui de la ruche duquel elles s'échappent, deviennent des animaux sauvages, qui appartiennent au premier occupant ; or le

propriétaire du sol où elles se fixent n'en est pas plus saisi qu'il ne l'est des oiseaux ou du gibier qui s'y arrêtent ; la loi se borne à présumer qu'il est le premier occupant. Mais cette présomption peut être détruite par un fait positif ; aussi n'hésitent-ils pas à dire que toute personne peut s'approprier un essaim sur le terrain d'autrui, si le propriétaire ne l'a déjà appréhendé. C'est ainsi que l'usage a interprété la loi dans la Haute-Loire et nous citerons d'une manière spéciale le canton de *Pinols*. D'autres voient au contraire, dans la loi de 1791 , une disposition attributive de propriété, indépendante de l'appréhension, un droit complet d'accession. Enfin l'usage a établi depuis longtemps dans les cantons d'*Auzon* et de *Vorey* que l'essaim qui n'est pas suivi et qui se fixe sur un héritage, appartient par moitié au propriétaire de cet héritage et par moitié à celui qui la trouvé.

Bien que nous nous rangions à la première de ces opinions, qui nous paraît la seule logique dans l'état actuel de notre législation, il serait désirable qu'une loi nouvelle attribuât, d'une manière absolue, la propriété d'un essaim qui n'est pas suivi, au maître du sol sur lequel il s'est abattu, tant qu'il y reste fixé alors même qu'il ne l'a pas appréhendé. Ce serait un moyen de mettre fin à bien des discussions qui dégénèrent en collisions , et qui dans certains cantons, tels que celui de *Fay*, sont, chaque année, en juillet et en août, l'occasion de difficultés inextricables. Au surplus, l'usage semble déjà nous avoir devancés dans la modification que nous désirons, puisque dans plusieurs cantons de la Haute-Loire, tels que celui de *Loudes*, elle est adoptée.

CHAPITRE XIV

PIGEONS

Depuis que les droits de fuie et de colombier ont été abolis, chacun peut avoir un colombier, le bâtir à son gré, dans la forme qui lui convient, et y élever le nombre de pigeons qu'il lui plaît.

Aucune disposition législative n'apporte de restriction à cette faculté, ne la subordonne à la possession ou à la propriété d'une certaine étendue du sol, et la liberté absolue sur ce point a tellement pris racine dans la Haute-Loire, que nous n'hésitons pas à dire, qu'on ne saurait, sans froisser des habitudes que l'on y considère comme un droit, décréter dans un nouveau Code rural, comme le pensent encore de bons esprits, que le propriétaire d'un certain nombre d'arpents de terres labourables, peut seul avoir un colombier.

Le Code Napoléon ne s'est occupé des pigeons qu'en traitant du droit d'accession aux choses immobilières, pour en attribuer la propriété au maître du colombier, pourvu qu'ils n'y aient pas été attirés par fraude ou par artifice, et c'est encore dans le décret du 4 août 1789 que l'on trouve la base d'une réglémentation en cette matière ; les pigeons doivent être enfermés aux époques fixées par les communautés ; durant ce temps ils sont considérés comme gibier, et chacun a le droit de les tuer sur son terrain.

Si nous avions un avis à émettre sur les questions controversées que fait naître le laconisme du décret de 1789, nous dirions :

Que nul n'a le droit à aucune époque, de tuer les pigeons d'autrui sur un terrain qui n'est pas à lui.

Qu'aux époques où les pigeons doivent être enfermés, il y a présomption qu'ils sont nuisibles, et qu'étant d'ailleurs considérés comme gibier, chacun peut les tuer et se les approprier, pourvu qu'il les tue sur son terrain.

Que, pendant le temps où les colombiers peuvent être ouverts, il y a présomption que les pigeons sont inoffensifs, et que celui qui les tue sur son terrain, par suite du droit incontestable qu'il a de protéger ses semences ou ses graines, est tenu de prouver qu'ils lui occasionnaient un dommage.

Ces solutions, que nous croyons conformes au droit, pourraient être converties en principes, dans un Code rural.

Comme on le voit, c'est à l'administration municipale de chaque commune qu'il appartient de prendre des arrêtés pour déterminer le temps pendant lequel les colombiers doivent être fermés ; mais, à défaut d'arrêtés, l'usage y a quelquefois pourvu.

Voici quels sont les règlements et les usages qui existent sur ce point dans la Haute-Loire.

Il n'est pris aucun arrêté pour l'ouverture ou la fermeture de colombiers dans les cantons d'*Allègre*, de la *Chaise-Dieu*, de *Langeac*, de *Loudes*, de *Montfaucon*, du *Monastier*, de *Paulhaguet*, de *Saint-Paulien*, de *Pradelles*, de *Pinols*, du *Puy*, de *Saint-Didier*, de *St-Julien-Chapteuil*, de *Solignac*, de *Tence*, de *Vorey*. Aucun usage n'oblige de les fermer, chacun fait comme il l'entend, presque toujours les colombiers restent ouverts pendant toute lannée.

Dans les cantons de *Bas* et de *Blesle*, les maires prennent ordinairement des arrêtés, qui obligent les propriétaires à tenir leurs pigeonniers fermés pendant les mois d'avril et de mai.

Dans celui de *Brioude* la fermeture des colombiers est ordinairement prescrite par les maires pendant le mois de mai ; à défaut d'arrêtés de leur part, l'usage rend cette mesure obligatoire.

A *Auzon*, *Lavoûte-Chilhac* et à *Monistrol*, bien que les maires ne prennent pas d'arrêtés, il est d'usage de tenir les pigeons enfermés : à *Lavoûte*, du 15 avril à la fin de mai ; à *Monistrol*, du 1er mars au 1er mai et du 10 septembre au 10 novembre ; à *Auzon*, en mars, avril et jusqu'au 10 mai, puis dans le courant d'octobre.

On ne nous a fourni aucun renseignement pour les cantons de *Cayres*, de *Saugues* et d'*Yssingeaux*.

Il n'existe pas de colombiers dans le canton de *Fay*.

CHAPITRE XV

BANS

De vendanges, de moissons, de fauchaisons

Les lois romaines veillaient à ce qu'il y eût de l'ordre dans le mode de récolter le blé et le vin, afin de n'en pas compromettre les fruits; elles prescrivaient aux gouverneurs des provinces d'indiquer l'ouverture des moissons et des vendanges, suivant l'usage des lieux , ainsi se réglémentait l'impatience des propriétaires qui pouvait compromettre la maturité ; ainsi l'on empêchait qu'une récolte morcelée et partiellement effectuée, en l'absence des propriétaires contigus, ne devînt une occasion de perte pour ces derniers.

Nos coutumes avaient, pour la plupart, adopté des règlements analogues et, poussant le soin plus loin, elles ne fixaient pas seulement l'époque des vendanges, des moissons ou des fauchaisons, mais elles astreignaient encore à ne pas vendanger, faucher ou

moissonner pendant la nuit, à ne pas commencer avant le lever
du soleil et à interrompre le travail au soleil couchant.

Le décret du 6 octobre 1791, qui régit encore cette matière aujourd'hui, en permettant à chaque propriétaire de faire sa récolte,
de quelque nature qu'elle soit, au moment qui lui convient, pourvu
qu'il ne cause aucun dommage aux propriétés voisines, a formellement maintenu les bans de vendanges, pour les propriétés non
closes, dans les pays où ils sont en usage ; et un décret postérieur,
du 14 germinal an VI, a consacré dans les mêmes lieux, la légalité
des bans de fauchaisons et de moissons.

Les bans de fauchaisons et de moissons sont complètement
tombés en désuétude dans la Haute-Loire, comme dans la plupart
des autres parties de la France ; et il serait bon d'effacer de nos
Codes, par une loi expresse, des prescriptions qui ne sont plus
utiles et qui sont sans rapport avec les progrès de l'agriculture ;
nos économistes ne prennent pas au sérieux aujourd'hui l'influence
que peut avoir sur l'alimentation publique, la précipitation de
quelques rares cultivateurs, à ameublir des récoltes qui ne sont
pas encore mûres, et nos agronomes ne croient plus au danger que
signalaient leurs prédécesseurs, de dépouiller les prairies, avant que
le grain de froment soit bien noué.

Les bans de vendanges sont encore exécutés dans quelques localités de la Haute-Loire et nous allons préciser les usages sur ce
point ; mais serait-il à propos de les maintenir dans un nouveau
Code rural ? Nous ne le pensons pas ; nous croyons que la liberté
de vendanger quand le propriétaire le juge convenable, est un
moyen d'accroître les progrès que la viticulture a faits depuis
quelques années ; que la nécessité où l'on se trouve aujourd'hui

d'attendre une époque, générale et déterminée, pour enlever sa récolte, est une entrave pour ceux qui veulent, au moyen d'une culture et d'une taille intelligente, accélérer la maturité du raisin, modifier leurs cépages et faire des essais profitables à tous.

C'est au maire, remplaçant le Conseil municipal de la commune, qu'il appartient de fixer l'ouverture des vendanges ; il est complètement affranchi de l'obligation qu'imposaient certaines coutumes, de se concerter avec des bourgeois ou des laboureurs et des vignerons, et il ne doit compte qu'à lui-même des motifs de sa détermination ; il serait utile cependant, à raison de l'importance des produits de la vigne, que l'on prît des moyens pour l'éclairer.

Si l'on persiste à maintenir dans nos lois les bans de vendange, ne serait-il pas sage, à raison de la diversité des vignobles, de eur variété, de la difficulté, de la différence de leur maturité dans une même commune, que le Conseil municipal fût appelé à choisir dans son sein, les membres les plus propres à diriger le maire et qui, de concert avec lui, détermineraient pour chaque vignoble, l'époque où la vendange aurait lieu ?

Nous allons indiquer ce qui se pratique dans la Haute-Loire, à propos des bans de vendanges.

On ne publie pas de bans de vendanges dans les vignobles qui dépendent des cantons de *Paulhaguet, Pinols, St-Paulien, Solignac.*

L'usage où l'on était, de le faire, dans le canton de *Langeac,* est tombé en désuétude.

La commune de *Coubon* est la seule des deux cantons *du Puy,* où le maire publie des bans de vendanges ; pour se fixer sur leur ouverture, il consulte les principaux propriétaires de vignes.

Les bans de vendanges sont encore en usage dans les cantons de *St-Didier*, de *Lavoûte-Chilhac*, de *Monistrol*, de *Vorey* ; le maire s'entend pour cela avec les principaux vignerons.

Dans le canton de *Brioude* les bans de vendanges sont publiés d'une manière régulière, par les maires, sur le rapport d'une commission, qu'ils choisissent, tant parmi les vignerons que parmi les membres du Conseil municipal les plus experts en cette matière.

A *Bas*, à *Blesle*, les maires font publier et afficher les bans de vendanges, et pour fixer le jour de leur ouverture, ils convoquent ordinairement le conseil municipal et les plus fort imposés ; à *Blesle,* cette réunion désigne une commission de trois ou cinq membres, pour visiter les vignes et se fixer sur la maturité du raisin.

L'usage des bans de vendange commence à disparaître dans le canton d'*Auzon*, ils sont encore observés dans quelques communes, d'autres y ont renoncé, la vendange y est libre mais on a cependant soin d'indiquer quels sont les vignobles par lesquels elle doit commencer.

Il n'y a pas de vignes dans les cantons d'*Allègre*, de *Cayres*, de la *Chaise-Dieu*, de *Fay*, de *Loudes*, du *Monastier*, de *Tence*, de *Pradelles*, de *Saugues*, de *St-Julien-Chapteuil*.

CAPITRE XVI

BIENS COMMUNAUX

§ 1er

Observations générales

Nous n'avons pas à analyser et moins encore à apprécier les actes nombreux de notre législation qui, depuis plusieurs siècles, jusqu'à nos jours, ont eu en vue la propriété, la jouissance ou l'administration des *biens communaux*. Nous ne saurions non plus rechercher quel est le rôle que l'intérêt politique a joué, dans les solutions successives qui ont été données aux graves questions qui s'y rattachent.

Bornons-nous à dire : que nul ne conteste aujourd'hui aux communes, leur qualité de propriétaires de leurs communaux, et que, quelle que soit l'opinion que l'on aie, sur l'existence des sections de communes, on leur reconnaît aussi, à l'exclusion de l'individualité communale, le droit de posséder et de jouir, privativement, de la portion de ces biens qui leur est propre.

Mais, si ces principes sont constants, le régime administratif, auquel ont été soumises les propriétés communales, a attiré, depuis bien longtemps, la sollicitude du Gouvernement.

Il est incontestable que la jouissance en commun, qui est encore le mode le plus généralement adopté, pour tirer parti des biens communaux en France, lorsqu'elle a lieu d'une manière trop absolue et hors de proportion avec les besoins des habitants, est un mode vicieux; qu'il est loin de procurer à la richesse et à l'alimentation publiques, les produits que lui assureraient le travail et l'activité individuelle. Aussi a-t-on cherché les moyens de remédier à un état de choses aussi fâcheux pour l'Etat qu'il est préjudiciable aux intéressés eux-mêmes.

Pour favoriser la mise en culture des biens communaux, on a proposé de les vendre, de les partager, de les amodier et de les livrer ainsi, sous des formes diverses, à l'intérêt privé, qui est le mobile le plus propre pour y opérer les améliorations désirables.

Mais, quand ces graves questions se sont présentées aux législateurs, ils ont été constamment arrêtés par les difficultés qu'elles ont soulevées. Nous devons à leur sollicitude des lois récentes, pour obtenir, dans l'intérêt de la santé publique, le desséchement des marais; pour reboiser les montagnes, afin d'obvier à l'action désordonnée des eaux et d'accroître notre richesse forestière; pour substituer l'initiative de l'administration à l'inaction des communes, lorsqu'il s'agit d'améliorer le sol communal, mais, la loi ne s'est pas encore prononcée sur le choix que l'on doit faire entre la vente, le partage ou le bail des biens communaux.

Le département de la Haute-Loire ne compte pas moins de 37,000 hectares de terrains qui sont la propriété des communes ou des sections de communes; en supposant, qu'on parvienne à reboiser 17,000 hectares, il reste encore 20,000 hectares de biens communaux, dont le sort est subordonné au parti que l'on prendra, dans un avenir plus ou moins prochain, pour les améliorer et les soumettre à une culture intelligente et productive.

On nous permettra donc, avant de constater le mode actuel de leur jouissance, quelques observations, qui ne sont dictées que par l'intérêt que nous prenons à une partie aussi importante de la fortune immobilière de nos communes.

Il nous paraît d'abord utile de dire que, pour résoudre le problème complexe que présente le sujet que nous allons effleurer, il faut se défendre de toute idée exclusive et absolue.

Les biens communaux sont dans des conditions si diverses qu'on ne saurait les soumettre à un mode général et uniforme de mise en valeur.

Nous comprenons en effet, qu'on apprécie différemment l'utilité de la vente, du partage ou de l'amodiation, suivant que le sol communal peut être converti en terres arables ou en de simples pâturages; suivant qu'on aura l'espoir de substituer de riches moissons à des landes incultes, ou qu'au contraire, on pourra remplacer ces pâturages eux-mêmes par d'excellentes prairies. Tel moyen d'accroître notre richesse territoriale peut convenir à des contrées où se pressent des populations riches et industrieuses, qui ne saurait s'appliquer à des régions désertes où l'on ne trouve que de petits hameaux et des villages pauvres et isolés.

Nous croyons encore, qu'il faut avoir égard aux habitudes et

12

aux traditions locales; qu'on ne saurait soumettre aux mêmes
règles : les habitants des plaines, qui ne considèrent leurs biens
communaux que comme un accessoire, sans intérêt pour leur régime agricole ; et les habitants des montagnes, dont la vie pasto-
rale est liée à l'existence du communal. La constitution de la
propriété, pour les uns, est indépendante des biens communaux ;
pour les autres, au contraire, elle s'y rattache intimement, le droit
au communal est un de ses principaux éléments.

Comment ne pas tenir compte d'une différence aussi profonde ,
et ne pas reconnaître que suivant les mœurs, les besoins et les
lieux on pourra tour-à-tour préférer la vente, le partage ou l'amodiation?

Disons, en second lieu, que lorsqu'on voudra tirer parti des
biens, qui sont la propriété des communes, on devra se placer à
un point de vue différent de celui que l'on prendra pour apprécier la mise en valeur des biens des sections.

L'état des finances municipales, la nécessité de créer pour
l'unité communale, des ressources profitables à tous les habitants, seront, souvent, une juste raison pour déterminer la
vente des biens d'une commune. On conçoit encore que de pareilles raisons soient suffisantes pour procéder à leur partage, en
obligeant les co-partageants à verser, à la caisse municipale, les
fonds représentant les avantages qu'ils retireront, individuelle-
ment, par la transformation à leur profit de l'usufruit en pleine
propriété, lorsqu'il s'agira des biens appartenant à une commune
entière.

Mais ces considérations devront toujours rester étrangères aux
décisions, sur la mise en valeur des biens des sections. Les sections sont privativement propriétaires; leur avoir est distinct de

celui de la commune ; le produit de leurs biens sectionnaires n'a jamais été affecté aux dépenses générales que pour la part qui les concerne, et l'on ne pourrait, sans injustice et sans les spolier, se préoccuper de la situation de la commune, pour partager ou pour vendre, sans une nécessité qui leur soit personnelle, les biens qui leur appartiennent. Leurs ressources ne sont pas destinées à satisfaire aux besoins généraux de l'unité dont ils ne sont qu'une partie.

Nous ferons observer, en troisième lieu, que le domaine communal a toujours été considéré comme la propriété sacrée et inaliénable des générations futures, aussi bien que des générations présentes. N'ayons pas à regretter, un jour, l'oubli des préceptes que la sagesse, la prévoyance et le bon sens publics nous ont donnés dans tous les temps. Si donc il paraît utile de transformer le domaine communal, soit dans son essence, soit dans son mode de jouissance, pour lui procurer une situation meilleure, il nous semble que les réformes les plus avantageuses seront celles qui réserveront l'avenir.

Enfin, nous nous permettrons de faire remarquer, qu'on ne saurait confier l'appréciation des difficultés nombreuses, qu'offriront toujours les modifications que l'on introduira dans le régime des communaux, qu'à un pouvoir, placé près du sol communal lui-même, et au milieu des populations qui en jouissent aujourd'hui. La lumière ne pourra se faire, les besoins se produire, les intérêts divers ne pourront sagement s'équilibrer, que devant des hommes qui verront par eux-mêmes, et que leurs relations et leurs habitudes initieront aux besoins des localités.

Les communes par leurs conseils municipaux, les sections par leurs syndics, devront sans doute être consultés, mais, nous les croyons trop directement placés sous l'influence d'intérêts personnels ou de préjugés locaux, pour se prononcer, d'une manière impartiale et en dernier ressort, sur d'aussi graves déterminations. Les organes officiels de l'Etat sont, à leur tour, trop haut et trop loin pour embrasser les détails multiples que présenteront l'instruction et l'étude de pareilles questions ; et sans nous prononcer sur les garanties, dont il conviendra peut-être d'entourer ses décisions, nous pensons qu'on ne saurait appeler à se prononcer, sur la vente, le partage ou l'amodiation des biens communaux, un juge plus sûr et plus éclairé que le Conseil général de chaque département.

Sous le bénéfice de ces observations générales, nous allons analyser, rapidement, les faits généraux qui se rapportent à la Haute-Loire, et nous soumettrons les conclusions que nous croyons pouvoir en tirer.

§ 2

Nature des communaux de la Haute-Loire. — Leur mode général de jouissance

Les biens communaux de ce département sont presque tous des pacages; ils sont situés, en majeure partie, dans les régions les plus hautes et les plus froides; la nature du sol, son élévation au-dessus du niveau de la mer, s'opposent, à de très-rares exceptions près, à ce qu'on puisse les soumettre à la production des céréales. On pourra au contraire les transformer en de riches prairies ou de gras pâturages, sans recourir à des procédés agricoles bien coûteux. Un système d'irrigations mieux organisé, des travaux d'assainissement, bien entendus, suffiront pour atteindre ce résultat.

Ces biens communaux se prêtent donc plus facilement à l'amodiation, que ceux qui seraient soumis à une culture variée, à des assolements successifs; leur exploitation par des fermiers ne présente pas les mêmes inconvénients que des terres labourables, dont la mise en culture entraîne des frais considérables, qui ne peuvent être exécutés, qu'avec le sentiment et le mobile de la pleine propriété.

La majeure partie des communaux de la Haute-Loire appartient aux sections de communes, les besoins des sections étant en général assez limités, il sera presque toujours possible d'y subvenir, au moyen d'une meilleure exploitation, sans aliéner le fonds lui-même.

Le Conseil général de la Haute-Loire, s'est déjà prononcé pour l'amodiation ; nous croyons utile de mentionner ici l'observation de M. Pellet, rapporteur de la commission à laquelle la question de la mise en valeur des communaux avait été soumise, qu'il existe entre les diverses habitations qui composent les villages une certaine superficie, ordinairement en nature de pâturage, qui ne pourrait, sans de graves inconvénients, être enlevée à la jouissance commune. On comprend, que s'il était utile d'améliorer les parcelles qui sont placées dans cette condition, le moyen, qui aurait, pour résultat de conserver la propriété aux sections, serait considéré, par elles, comme le moins préjudiciable à leurs intérêts.

Enfin les communaux les plus importants de ce département, sont pris en grande considération, pour l'appréciation de la valeur vénale des propriétés qui les avoisinent. Les habitants qui y font paître leurs bestiaux de toute nature se sont accoutumés à les regarder comme l'accessoire de leurs héritages, ils en ont constamment profité en proportion de leur fortune et de leur richesse personnelle. On verra, par le relevé que nous ferons des usages de chaque canton, qu'ils en jouissent actuellement, dans la proportion de l'importance de leurs exploitations ou de leurs ressources; que, dans la majeure partie des sections, l'impôt des communaux est payé proportionnellement à la contribution foncière de chacun. Le droit au communal, ainsi appliqué, est un stimulant à l'ordre et à l'économie, il contribue à développer dans le cœur de nos populations le sentiment si vif et si civilisateur de la propriété, puisqu'à mesure qu'elles s'enrichissent, les produits qu'elles retirent des biens communs, acquièrent plus d'importance pour elles. Ce stimulant disparaîtrait, le jour où la vente des biens communaux les aurait mis au rang des biens privés.

Il nous paraît possible de tirer un meilleur parti des biens des sections, sans compromettre les usages que nos populations considèrent comme des droits, et sans détruire l'élément moral que nous signalons. D'excellents esprits ont pensé qu'on pourrait répartir le produit des communaux entre les habitants, en prenant pour base et par moitié pour chaque base: d'un côté, la contribution foncière, de l'autre, le nombre des personnes qui composent la famille de chacun. Cette répartition, qui tient un milieu raisonnable entre les divers systèmes qui ont été tour à tour soutenus, savoir: la division par têtes, par feux, ou au prorata de la contribution foncière, nous paraît concilier les droits et les besoins de tous. La location des communaux, en conservant le sol actuel à ceux qui en sont propriétaires, permettrait d'en diviser les produits, d'une manière périodique, entre les ayants-droit et de tenir compte des modifications que l'intelligence, le travail ou le temps auraient amenées parmi eux.

Nous pensons donc qu'il est juste, possible et moral de conserver la plus grande partie des biens communaux de la Haute-Loire à la jouissance commune, et qu'ils ne peuvent être mis en valeur d'une manière plus appropriée aux besoins du pays, qu'au moyen du bail.

On a dit : que les habitants ne consentiraient pas à devenir fermiers des biens dont ils ont l'usufruit; que des étrangers se risqueraient difficilement à en prendre la location. Il suffit de connaître nos populations et la facilité avec laquelle elles ont accepté les transformations que l'administration forestière a fait subir à une partie de la propriété communale ; il suffit de savoir que des essais d'amodiation partielle ont parfaitement réussi, pour être convaincu qu'elles comprennent déjà l'avantage qu'elles retireraient de locations productives et qu'elles ont le respect des droits de chacun.

Pour repousser le système des baux, on a dit encore, qu'on serait très-embarrassé pour utiliser convenablement le produit des locations. Ce n'est là qu'un prétexte, au service d'un système trop absolu, ce n'est pas une raison sérieuse. Est-il besoin d'énumérer les améliorations de tout genre, que nous désirons encore dans les sections les plus riches en communaux ? Faut-il signaler toutes les misères que l'on peut y soulager ? Et, si tous les services d'une communauté d'habitants étaient suffisamment dotés, et qu'il fût possible de diviser entre eux le superflu du prix des locations, ne devrait-on pas s'efforcer d'atteindre un pareil résultat?

§ 3

Jouissance des biens communaux dans chaque canton

Allègre. — Les communaux de ce canton consistent en pacages; ils appartiennent aux sections de communes, qui en jouissent exclusivement ; ils ne sont pas affermés. Si une section veut faire une réparation, payer une dette, elle demande et obtient l'autorisation d'affermer une partie de ses communaux.

Les communaux sont livrés à la dépaissance promiscue, tous les habitants peuvent y conduire. le nombre de bestiaux qui leur convient, à moins de règlement contraire.

Il n'existe pas de règlements généraux, sur le mode de jouissance des communaux ; mais, sur la demande des habitants d'un grand nombre de sections, les conseils municipaux ont fait des règlements partiels, qui désignent certains communaux, exclusivement réservés aux bêtes à cornes et d'autres aux bêtes à laine. Toutefois l'interdiction de conduire les moutons dans les parties réservées aux bêtes à cornes, n'existe qu'à partir du 25 mars jusqu'à la fin d'octobre. Après cette époque toute espèce de bétail peut pacager d'une manière promiscue dans les communaux.

Pour être admis à la jouissance des communaux, il suffit d'avoir son habitation dans la section. Le fermier jouit des mêmes droits que le maître, à la condition d'habiter et de payer sa part de l'impôt des communaux. Cet impôt est payé d'une manière proportionnelle au nombre des animaux que chacun envoie au pacage ; le recensement en est fait d'ordinaire, toutes les années, au mois de mai,

Le nombre des animaux que tout habitant peut faire paître dans les communaux, n'est pas fixé d'une manière régulière, mais il est d'usage, que l'on ne peut y envoyer que les animaux qu'on élève habituellement, on ne peut en prendre à garder ni en acheter spécialement, pour les envoyer dans les communaux.

S'il n'y a pas de règlement spécial à la section, on peut indistinctement faire paître, dans tous les communaux, les vaches, bœufs, mulets, chevaux, moutons, cochons et chèvres.

Auzon, *St-Didier*. — Les communaux de ces deux cantons, sont tous livrés à la dépaissance commune, ils ne sont ni affermés ni jouis par lots séparés.

Dans le canton d'Auzon, il est quelques communaux qui sont réservés aux vaches et aux porcs, d'autres aux moutons et aux chèvres, c'est là la seule réglémentation qu'on y rencontre.

Partout ailleurs chacun peut faire pacager, en tout temps, le nombre des animaux de toute espèce qui lui convient.

Dans le canton de St-Didier, l'impôt des communaux est payé au prorata des contributions; dans celui d'Auzon, il est payé par feux.

Bas, *Tence*. — C'est encore en terres vaines et en pacages que consistent les communaux de ces deux cantons. Ils sont jouis indivisément par les habitants, qui y font pacager leurs bestiaux d'une manière promiscue.

Aucun arrêté municipal ne réglémente le mode de cette jouissance, ni l'époque où elle a lieu. On fait paître indistinctement les bœufs, les vaches, les chevaux, les ânes, les moutons, les chèvres et les cochons, dans tous les communaux. Chacun peut conduire au communal le nombre d'animaux qui lui convient.

L'impôt des communaux est réparti d'une manière assez arbitraire entre les habitants de chaque commune ou de chaque section, il est en général proportionnel à l'importance des exploitations.

Mentionnons en passant qu'il est certaines prairies, dans le canton de Bas, sur lesquelles les habitants ont le droit de mener paître leurs troupeaux après la levée des foins.

Blesle. — Tous les biens communaux de ce canton sont affectés au pâturage, Ils sont presque tous jouis d'une manière indivise par les habitants, cependant dans quelques sections, ils le sont par lots séparés.

Il existe quelques règlements municipaux, qui déterminent le nombre de bêtes que chaque chef de famille peut faire pacager; mais ces règlements ne sont pas rigoureusement observés.

Le pâturage a lieu toute l'année et pour toute espèce de bestiaux.

Pour avoir droit à la jouissance des communaux, il faut être propriétaire de bâtiments ou de terres, dans la commune ou dans la section.

L'impôt des communaux est payé par feux.

Brioude. — Les biens communaux de ce canton appartiennent, pour la plus grande partie, à des sections de commune; ils consistent en pacages, et sont jouis indivisément et d'une manière promiscue par les habitants.

Il existe quelques règlements municipaux, qui proportionnent le nombre de bêtes, que chaque habitant peut conduire au communal, à l'étendue de ses propriétés personnelles; mais, dans la plupart des sections ce nombre est illimité et il en résulte un grand dommage pour les récoltes.

Quelques sections affectent certains communaux au pacage de diverses espèces de bestiaux, les oies et les cochons en sont exclus. Ce pacage a lieu en tout temps.

Il faut être domicilié dans la section et y habiter, pour avoir droit au communal.

L'impôt des biens communaux est en général payé par la commune, il l'est exceptionnellement par les sections auxquelles ils appartiennent.

Cayres. — Une partie des communaux de la commune d'Ouïdes est affermée. Partout ailleurs, ils sont jouis indivisément par les habitants et livrés au pâturage en commun.

Il existe, dans ce canton, des règlements municipaux qui fixent le nombre de bêtes que chaque habitant peut envoyer au pacage. Ce nombre est proportionné à l'impôt foncier de chacun.

Du 1er mai au 10 août, les meilleurs pâturages sont réservés aux bêtes à cornes et aux chevaux ; à partir de cette dernière époque, tous les bestiaux y sont indistinctement admis. Mais ces règlements ne sont pas rigoureusement observés.

Il suffit d'habiter dans la section pour avoir droit aux communaux.

L'impôt des communaux est payé proportionnellement aux quatre contributions.

Craponne. — Les renseignements nous manquent. Ceux que nous avons pu recueillir nous portent à penser qu'il n'existe aucune réglementation sur cette matière, et que le désordre le plus grand existe dans le régime des communaux.

Disons cependant que la jouissance est promiscue, et que l'impôt est payé proportionnellement aux têtes de bétail que chaque habitant envoie au pâturage.

Fay-le-Froid. — Les communaux de ce canton consistent en pâturages d'une grande importance ; ils ont été presque tous abandonnés aux habitants, avant 1789, par les seigneurs, en vertu de titres réguliers, moyennant une redevance en argent, une fois payée. Quelques-uns de ces titres remontent à Louis XI et à Louis XII.

Ces communaux sont tous, aujourd'hui, livrés en tout temps à la dépaissance commune. Il est très-rare, que quelques parcelles soient affermées, cela n'a lieu que s'il s'agit de faire face à une dépense urgente.

Malgré la vigilance de l'autorité, les biens communaux sont encore l'objet de déprédations et d'abus considérables. D'une part, un grand nombre de propriétaires en ont défriché des parcelles qu'ils ont closes et incorporées à leurs héritages personnels ; ils les considèrent comme leur appartenant, et les cèdent à titre onéreux ou gratuit, quoiqu'ils n'en aient pas prescrit la propriété, grâce aux mesures de prévoyance de l'administration. D'autre part, l'absence de bois de chauffage a fait contracter aux habitants l'usage d'en enlever, systématiquement, les gazons pour leur servir de combustible.

Quelques règlements, déjà anciens, avaient fixé le nombre de bêtes que chacun avait le droit de faire paître dans les communaux ; ce nombre était proportionné à l'importance des propriétés privées. Les pauvres pouvaient conduire au pâturage six moutons, une vache et son veau.

Aujoud'hui ces règlements sont tombés en désuétude, et tel individu qui ne possède pas un pouce de terrain, nourrit dans les communaux jusqu'à cinquante bêtes à laine, sans compter les autres animaux.

Il suffit, pour avoir droit au communal, d'avoir son domicile dans la section, il n'est pas nésessaire d'y être propriétaire.

L'impôt des communaux est réparti, entre les ayants-droits, au marc le franc de la contribution foncière ; ceux qui n'ont pas d'immeubles personnels ne payent pas d'impôt pour les communaux, quoiqu'ils participent comme les autres à leur jouissance.

La Chaise-Dieu. — Jusqu'à ce jour, les communaux du canton de la Chaise-Dieu ont été exclusivement consacrés au pâturage. Ils ne sont ni affermés, ni allotis ; chaque habitant de la section à laquelle ils appartiennent peut, isolément, y faire paître le nombre et l'espèce de bestiaux qui lui convient. Cependant, dans quelques sections, il y a des communaux qui sont réservés à certaines espèces.

L'usage ne fixe aucune époque pour l'exercice du pâturage. Pour être admis à la jouissance des communaux, il faut habiter et être domicilié dans la commune ou dans la section à laquelle appartient le communal.

L'impôt des communaux est payé par les habitants, en proportion du nombre de bestiaux qu'ils y font pacager.

Langeac. — Dans ce canton, les communaux sont jouis d'une manière indivise par les habitans ; ils sont exclusivement affectés au pâturage, et ce mode de jouissance n'est généralement pas réglementé.

Il existe cependant un petit nombre d'arrêtés municipaux, qui fixent l'exercice du pâturage du 25 mars au 1er novembre de chaque année, et qui déterminent quelles sont les parties réservées à la dépaissance de certains bestiaux.

L'impôt des communaux est payé par feux.

Lavoûte. — Le pacage en commun est le seul mode de jouissance des communaux de ce canton.

Dans un tiers des communes qui le composent, des arrêtés municipaux fixent le nombre de têtes de bétail que chaque habitant peut faire conduire au communal ; dans les autres communes, ce nombre est indéterminé.

Quelques-uns de ces arrêtés assignent aussi certains quartiers à la dépaissance des vaches, bœufs, mules et chevaux, à l'exclusion des moutons, des chèvres et des cochons, qui ne peuvent y pacager que pendant l'hiver, du 25 décembre au 25 mars.

Aucune partie des communaux n'est affermée.

Dans les communes où l'impôt des communaux est de peu d'importance, il est pris sur les ressources du budget municipal ; dans d'autres, il est généralement payé en proportion du nombre de bêtes que chaque habitant fait conduire au pacage ; quelquefois aussi il est payé par feux.

Pour avoir droit aux communaux, il suffit d'habiter la section, même depuis moins d'un an.

Loudes. — En général, dans ce canton, les biens communaux sont affectés au pâturage qui est permis en tout temps. Cependant, il est certaines communes ou sections de commune, qui afferment quelques lots de leurs communaux, pour payer l'impôt de ces mêmes biens, ou pour faire face à quelques dépenses imprévues.

Il existe, dans diverses communes et diverses sections, des règlements municipaux ; ils ont pour objet, d'interdire aux bêtes à laine, aux porcs et aux chèvres, la dépaissance sur quelques communaux qui sont exclusivement réservés à la race bovine et chevaline.

La quantité de têtes de bétail que chacun peut envoyer au communal, n'est déterminée que pour les moutons. Leur nombre est, pour chaque habitant, proportionné à l'étendue des héritages qu'il possède.

Il suffit d'être domicilié dans la section pour avoir le droit de jouir des communaux. L'impôt en est payé par feux.

Le Puy.—(Canton *Sud-Est*) Les communaux de ce canton sont exclusivement consacrés au pâturage et jouis, indivisément, par les habitants.

Dans la commune de *Saint-Germain*, il existe des règlements, qui déterminent quels sont les communaux, dans lesquels on peut faire paître les bêtes à cornes, les mules, les chevaux; et ceux où l'on peut conduire les moutons et les chèvres. Mais à partir du 14 septembre jusqu'au 25 avril, l'usage permet de conduire les moutons et les chèvres dans les communaux réservés aux races bovine et chevaline, quoique les règlements soient muets sur ce point.

La section de Saint-Germain a un communal destiné au pacage des cochons; dans les autres sections de cette commune, le pacage des communaux leur est interdit.

A *Coubon*, à *Taulhac* et à *Vals*, on peut faire paître, indistinctement, dans les communaux, les vaches et bœufs, les mules et chevaux, les moutons, les chèvres et les cochons. A *Ours-Mons*, les moutons, seuls, peuvent paître dans les communaux.

A *Coubon*, l'impôt des communaux est payé par les habitants de chaque village et par feux.

A *Saint-Germain*, la commune paie l'impôt des communaux du village de Saint-Germain, celui des communaux des autres villages est payé par les habitants, proportionnellement à leur contribution foncière.

Dans les autres communes du canton, l'impôt est payé par la commune.

(Canton *Nord-Ouest*.) Dans les communes de *Polignac* et de *Ceyssac*, les communaux sont peu étendus, ils sont presque tous livrés au pâturage en commun. Les meilleurs sont réservés aux vaches, bœufs, mules et chevaux ; les autres sont livrés aux moutons.

Cependant, dans le plus grand nombre des sections de ces communes, on afferme quelques parcelles des communaux, dont le produit, en argent, sert d'abord au payement de l'impôt, à l'entretien des maisons d'école, à celui des fontaines, et enfin au payement proportionnel du traitement du garde-champêtre.

Dans les communes de *Chadrac* et du *Monteil*, tous les communaux sont affectés au pâturage des bêtes à cornes, des chevaux et poulins.

Dans celles de *Chaspinhac* et de *Saint-Quentin*, les communaux sont divisés en deux classes ; les bons sont réservés aux bêtes à cornes et aux chevaux, les autres au pacage des moutons.

Dans toutes les communes de ce canton, l'impôt est payé par la commune.

Il suffit d'habiter la section, à laquelle appartiennent les communaux, pour avoir droit à leur jouissance, et cela dans les deux cantons du Puy.

Le *Monastier*. — Les biens communaux de ce canton consistent en pacages, qui sont, en général, jouis indivisément par les habitants; cependant.la commune d'*Alleyrac* a affermé un de ses communaux.

Aucune réglémentation ne fixe le nombre ni l'espèce des animaux admis au pacage. On peut les y conduire en tout temps.

Il suffit d'habiter la section pour avoir droit au communal.

L'impôt des communaux est payé par feux.

Monistrol. — Le pâturage en commun est le seul mode de jouissance des communaux de ce canton, et cette jouissance n'est l'objet d'aucune réglémentation.

Il suffit d'être domicilié dans la section pour avoir droit au communal.

L'impôt en est payé par la commune ou la section qui en est propriétaire, cependant, il arrive quelquefois, que pour faire face à cet impôt, on afferme une parcelle du communal.

Montfaucon. — Quelques communes de ce canton ont affermé leurs biens communaux, et le produit en est inscrit au budget. Mais la plupart d'entre elles en jouissent d'une manière indivise, au moyen du pâturage, qu'y exercent les habitants de la commune ou de la section qui en est propriétaire.

Pour avoir droit à cette jouissance, il faut être possesseur d'une maison ; le fermier a tous les droits du propriétaire.

Il n'existe pas de règlements, faits par les conseils municipaux, sur cette matière ; le nombre des animaux que l'on peut faire paître dans les communaux, n'est pas limité ; et à l'exception des porcs, chacun peut y conduire, en toute saison, tous les bestiaux qu'il possède.

13

L'impôt des communaux est payé par la commune, ou par la section de commune qui en est propriétaire.

Paulhaguet. — Les terrains communaux de ce canton, sont, en général, jouis en commun par les habitants, qui peuvent y faire paître, isolément, leurs bestiaux de toute nature. Dans quelques localités, certains communaux sont réservés à la dépaissance des vaches, bœufs et chevaux.

Il suffit, pour avoir droit à la jouissance des communaux, d'habiter dans la section dont ils dépendent.

Cependant, dans les communes de *Jax*, de *St-Georges-d'Aurat* et de *Salzuit*, la majeure partie des communaux est affermée, par lots séparés et assez, nombreux, pour que chaque famille, ayant feu, puisse jouir d'une certaine étendue. Ces lots sont indifféremment défrichés ou convertis en prairies, par ceux qui les détiennent.

L'impôt des communaux est avancé, dans chaque section, par un habitant sur la cote duquel le maire le fait figurer ; ce propriétaire s'en fait rembourser, comme il peut, par les habitants. Ce mode vicieux et arbitraire donne souvent lieu à des difficultés,

Pinols. — Les communaux sont jouis, indivisément, par les habitants des sections auxquelles ils appartiennent; ils sont exclusivement, destinés au pâturage qui s'y exerce en tout temps.

Il faut avoir habité pendant un an dans la section, pour avoir le droit de faire pacager dans les communaux.

Aucune réglementation ne fixe le nombre des têtes de bétail que chacun peut faire conduire au pacage ; les vaches, bœufs, chevaux, moutons, les chèvres et les cochons y sont indistinctement admis.

L'impôt des communaux est payé, au marc le franc des autres contributions.

Pradelles. — C'est encore en pâturages que consistent presque tous les communaux de ce canton ; ils sont jouis en commun, par les habitants.

Cependant, il est général que les sections afferment une partie de leurs communaux pour faire face au payement de l'impôt.

Un très-petit nombre de règlements déterminent quels sont les communaux qui son réservés aux bêtes à cornes, et ceux où les moutons peuvent pacager; mais ces règlements ne fixent ni l'époque du pacage, ni le nombre de têtes de bétail que chaque habitant peut faire pacager.

Pour avoir droit aux communaux, il faut : ou habiter la section, ou y posséder des propriétés.

St-Julien-Chapteuil. — En général, les communaux de ce canton sont affectés au pâturage en commun, et les bestiaux de toute espèce peuvent y pacager en tout temps.

Cependant, il existe dans quelques villages, des règlements municipaux qui interdisent le pacage des bêtes à laine dans certaine parcelles, depuis le 25 mars jusqu'au 25 septembre; ou depuis les 31 mars jusqu'au 1er octobre. Pour d'autres villages, cette interdiction résulte d'actes notariés, intervenus entre les habitants.

L'impôt des communaux est payé, dans certaines sections, au marc le franc des contributions, dans d'autres il l'est par feux; enfin, quelques villages ont affermé des parcelles de leurs communaux, pour faire face au paiement de l'impôt.

Il suffit d'être chef de famille et d'habiter la section, pour avoir droit au communal.

St-Paulien. — Les biens communaux de ce canton appartiennent tous aux sections de communes; ils sont, en général, jouis d'une manière indivise et collective et livrés au pâturage.

Quelques parcelles sont affermées pour faire face aux besoins des sections; dans quelques parties de ce canton, la location des communaux a permis de faire des améliorations importantes, les habitants s'y sont parfaitement prêtés.

Il existe un petit nombre d'arrêtés municipaux, qui déterminent quels sont les communaux affectés au pacage des bêtes à laine, et ceux qui sont réservés aux bêtes à cornes. Mais le nombre des têtes de bétail, que chaque habitant peut envoyer au communal, est illimité; l'usage fixe, seul, l'époque où le pâturage est permis.

Pour avoir droit à la jouissance des communaux, il faut être domicilié dans la section.

L'impôt des communaux est payé, par chaque habitant, en proportion des têtes de bétail qu'il envoie au pâturage.

Saugues. — Dans ce canton, les communaux consistent en pacages, ils sont jouis en commun par les habitants, qui peuvent y envoyer un nombre illimité de bestiaux. Il suffit pour y avoir droit d'habiter la section. Le pacage a lieu en tout temps.

Il est d'usage de faire paître par troupeaux séparés, sous la garde d'un pâtre commun, d'un côté les vaches, bœufs, mules et chevaux; d'un autre, les moutons et les chèvres, et d'affecter des portions de communaux au pacage des cochons.

Dans la commune de *Chanaleilles*, il existe un arrêté, qui impose aux habitants, l'obligation de faire paître les bestiaux dans les communaux, sous la garde du berger, du vacher ou du porcher commun et qui leur interdit de les y garder, ou de les y faire garder eux-mêmes séparément.

L'impôt des communaux est payé par feux.

Solignac. — Les biens communaux de ce canton, sont exclusivement affectés au pâturage. Ils sont jouis, en commun, par les habitants ; nulle part ils ne sont affermés ou jouis par lots séparés.

Dans les communes du *Brignon,* de *Cussac* et de *St-Christophe-sur-Dolaison,* il existe des règlements municipaux, qui réservent certains communaux, au pacage des bêtes à cornes, depuis la fin de mars, jusqu'à la fin d'août. Dans ces communes, après cette époque, et pendant toute l'année, dans la commune de *Bains,* il est facultatif de faire pacager toute espèce de bestiaux.

Un règlement spécial à la commune de *Saint-Christophe* porte : que tout propriétaire ou fermier peut envoyer dans les communaux, soit avec le troupeau commun, soit par troupeau séparé, une tête de bête à laine, par soixante-quinze ares de terres, de toute nature, qu'il possède dans le territoire du village ou de la section. Chaque chef de famille indigent est autorisé, par ce règlement, à mettre au troupeau commun, six bêtes à laine et une vache avec son veau.

Pour avoir droit à la jouissance des communaux, il faut être propriétaire dans la section et y habiter par soi ou par un fermier.

L'impôt des communaux est réparti au marc le franc, de l'impôt que paye chaque propriétaire.

Vorey. — Les communaux de ce canton, consistent en pacages. Ils sont en général, jouis en commun, par les habitants ; cependant dans la section d'*Adiac,* commune de Beaulieu, certains communaux ont été affermés, par lots séparés, aux habitants, moyennant une faible rétribution.

Il existe, dans quelques sections, des règlements municipaux, qui divisent les pacages en pâtures grasses, destinées aux vaches et aux chevaux, et en pâturages maigres destinés aux moutons.

Ces règlements ne déterminent ni l'époque du pâturage, ni la quantité de bestiaux que chacun peut faire pacager.

Dans les sections où ces règlements ne sont pas applicables, chacun peut faire paître, dans les communaux et d'une manière promiscue, toute espèce de bétail.

Il suffit d'habiter la section à laquelle le communal appartient pour avoir le droit d'y faire pacager.

L'impôt des communaux est payé par feux.

Yssingeaux. — Il ne nous a pas été possible d'obtenir des renseignements.

§ 4

Plantations dans les communaux

Le mode de jouissance des biens communaux de la Haute-Loire nous amène à constater un usage, que l'on respecte encore, dans certains cantons. Nous voulons parler de l'habitude, que l'on a contractée, de permettre aux habitants de planter, dans les communaux, des arbres dont ils sont considérés comme propriétaires.

Ainsi, dans le canton de *Saint-Paulien*, tout propriétaire, limitrophe d'un communal, est autorisé, par l'usage, à planter sur ce communal, en face de sa propriété, des arbres dont il est considéré romme le propriétaire ; il peut les élaguer, les arracher et les emplacer par d'autres.

Cet usage existait, d'une manière générale, dans le canton de *Loudes ;* il autorisait même les propriétaires à faire des plantations jusques sur le sol des chemins publics; mais les maires ont pris des arrêtés pour interdire de pareilles plantations à l'avenir; quant aux arbres existant aujourd'hui, ceux qui les ont plantés ne peuvent ni les émonder, ni les arracher sans l'autorisation du maire. Il est à regretter que ces arrêtés soient presque partout éludés.

Dans le canton de *Saint-Julien-Chapteuil* et dans la commune de *Saint-Austremoine,* canton de *Langeac,* l'usage autorise encore les habitants, à planter des arbres, dont ils sont considérés comme propriétaires, non-seulement sur la partie des communaux qui limitent leurs propriétés, mais sur toutes les parties du communal; il suffit qu'ils les aient plantés. pour qu'ils en soient considérés comme propriétaires absolus.

Cet usage existait aussi dans certaines parties du canton d'*Auzon,* mais il tend à disparaître, depuis que les Maires ont revendiqué, au profit des communes ou des sections, les arbres plantés dans les communaux.

Canton du *Puy.* — Dans la commune de *Taulhac,* les habitants étaient, autrefois, autorisés par l'usage à planter dans les communaux, des arbres dont ils étaient considérés comme propriétaires, Dans la commune de *Coubon,* le même usage existait, et la tolérance. sur ce point, s'étendait, même aux arbres qu'ils plantaient sur les chemins publics. Dans la commune de *Brives,* les habitants ne plantaient que sur les chemins; aujourd'hui ces plantations n'y sont nulle part autorisées. •

Dans les communes de *Polignac* et de *Ceyssac*, l'usage autorise encore les habitants, à faire des plantations dans les communaux; il en est de même dans celle d'*Ours-et-Mons*, où cet usage s'étend même au sol des chemins qui ont une largeur telle que ces plantations ne puissent gêner la circulation. Ceux qui ont planté ces arbres en sont considérés comme propriétaires.

Dans les communes d'*Aiguilhe* et d'*Espaly-Saint-Marcel*, il n'y a pas de communaux; il existe quelques arbres sur le sol des chemins publics, qui appartiennent à ceux qui les ont plantés en face de leurs propriétés; mais il est interdit d'en planter aujourd'hui.

Dans la commune de *Chadrac*, il est interdit de planter des arbres dans les communaux; les arbres anciens qui s'y trouvent appartiennent à la commune, c'est elle qui les fait émonder; les produits de la coupe sont employés aux besoins de la commune.

Les plantations dans les communaux, non plus que sur les bords des chemins, ne sont pas autorisées dans les communes du *Monteil*, de *Chaspinhac* et de *Saint-Quentin*.

Dans les communes de *Vorey* et de *Mézères*, les plantations d'arbres dans les communaux, sont tolérées, Les habitants qui les ont faites en sont considérés comme propriétaires; ils peuvent en émonder et en arracher les arbres.

Enfin, l'usage que nous venons de constater n'existe pas dans les cantons d'*Allègre*, de *Bas*, de *Blesle*, de *Cayres*, de *Craponne*, de *Fay-le-Froid*, de *la Chaise-Dieu*, du *Monastier*, de *Monistrol*, de *Montfaucon*, de *Paulhaguet*, de *Pinols*, de *Saint-Didier*, de *Saugues*, de *Solignac*, de *Tence*, non plus que dans celui de *Brioude*, où ce n'est que par tolérance, que ceux qui plantent des arbres ou des ceps de vigne sur les bords des chemins, en sont considérés comme propriétaires.

FIN.

TABLE DES MATIÈRES

CHAPITRE XI.

CHAPITRE XII.

CHAPITRE XIII.

CHAPITRE XIV.

CHAPITRE XV.

FIN DE LA TABLE.

www.ingramcontent.com/pod-product-compliance
Lightning Source LLC
Chambersburg PA
CBHW070504200326
41519CB00013B/2715